Ludwig Harig
Heimweh

Ein Saarländer auf Reisen

Carl Hanser Verlag

Mit Zeichnungen von Hans Dahlem

ISBN 3-446-12820-4

Umschlag Klaus Detjen, unter Verwendung
einer Zeichnung von Ludwig Harig
Reproduktionen: Repro-Knopp, Inning
Satz und Druck: Kösel, Kempten
Printed in Germany

Heimweh

Das Heim und das Reich

Eine Beschreibung des saarländischen Heimwehs unter Berücksichtigung des schweizerischen Heimwehs und der griechischen Nostalgie

I

Es gibt keine zwei Orte in der Welt, die weiter voneinander entfernt liegen als das Heim und das Reich. Das Heim ist der Ort, an dem der Mensch sich niederläßt; das Reich ist der Ort, an dem der Mensch von einem Bein auf das andere tritt. Daheim weiß der Mensch, was geschieht, und er ist ruhig; im Reich weiß der Mensch nie, was in der nächsten Stunde passieren kann, und er ist voller Unruhe. So läßt sich der eine Mensch in aller Ruhe daheim nieder, ist vergnügt und bei sich selber vor lauter Genügsamkeit; und so tritt der andere Mensch unruhig im Reich von einem Bein auf das andere, ist geil und außer sich vor lauter Begehrlichkeit. Die Genügsamkeit macht vergnügt und läßt den Menschen heimkehren, was sich ganz deutlich in einem Anwachsen des persönlichen Glückes zeigt; die Begehrlichkeit macht geil und läßt den Menschen reich werden, was sich nicht nur in Reichsverfassungen, sondern ja auch in den Regierungserklärungen und -bilanzen von Republiken als Aufforderung zum notwendigen wirtschaftlichen Wachstum niederschlägt. Auf der einen Seite steht das Glück, und auf der anderen Seite steht die Wirtschaft; nein, es gibt keine zwei Orte in der Welt, die weiter voneinander entfernt liegen als das Heim und das Reich.

Das Heim ist klein und vergleichbar einem ganz und gar gegenständlichen Brunnen, der immerzu am Fließen, das Reich aber ist groß und ein völlig ungreifbarer Popanz, der immerzu am Fressen ist. Das Heim nährt, und so ist das Heimkehren ins Heim auch ein immerwährendes Teilen und Bescheiden; das Reich dagegen zehrt, und so ist das Reichwerden im Reich zugleich mit einem ständigen Kapital- und Konkurrenzkampf verbunden. Das Heimkehren ins Heim und das Reichwerden im Reich sind so verschieden voneinander, daß man sich nicht vorstellen kann, wie jemals ein Mensch auf den Gedanken verfällt, sein Heim zu verlassen, um sich ins Reich zu begeben, wiewohl es jedermann begreiflich erscheint, wenn jemand fluchtartig dem Reich seinen Rücken kehrt, um flugs sein Heim aufzusuchen.

Aber nicht jeder kann heimkehren, und nicht jeder kann reich werden. Was ist der Mensch für ein sonderbares Geschöpf, es gibt welche, die wollen es noch nicht einmal! Wer aber nicht heimkehren kann, der leidet ein Weh, dieses Weh ist das Heimweh; und wer nicht reich werden kann, der wird in die Pflicht genommen, und diese Pflicht ist die Reichspflicht. Was haben wir nicht alles erleben müssen mit Menschen, die ein so schreckliches Heimweh gelitten haben und die so fürchterlich in die Reichspflicht genommen worden sind, daß ihnen zuerst das Lachen und am Ende Hören und Sehen verging. Wie es auch sei, das Heimweh war immer nach der Heimkehr ins Heim, und die Reichspflicht war immer nach dem Reichtum im Reich gerichtet, man hat nie davon gehört, daß jemand eine Heimpflicht empfunden oder gar, daß jemand am Reichsweh gelitten hätte.

Und doch, dem Saarländer ist es geschehen, daß er verschiedene Male in der Geschichte, davon allein zweimal in unserem Jahrhundert, in diesen scheinbar ausweglosen Widerstreit, in diesen scheinbar unausgleichbaren Gegensatz, in diesen tragischen Konflikt zwischen Heim und Reich geriet. Man hat von vielen tragischen Konflikten gehört zwischen Neigung und Pflicht, zwischen Freiheit und Notwendigkeit, zwischen Wirklichkeit und Idee, aber nie zuvor im Trauerspiel der Geschichte waren Neigung, Freiheit und Wirklichkeit so innig mit dem Heim des Saarländers und waren Pflicht, Notwendigkeit und Idee so eng mit dem Reich der Deutschen verknüpft wie im Falle dieses Konfliktes.

Im eigenen saarländischen Heim geborgen, aber vom Reich der Deutschen abgetrennt, schallte den Saarländern plötzlich der völlig kontradiktorische Ruf entgegen: »Heim ins Reich!«, was soviel heißen sollte, wie: »Ihr Saarländer, kehrt heim ins Reich.« Die Saarländer ihrerseits, von diesem Ruf zum einen Teil überrumpelt, zum anderen Teil geschmeichelt, griffen ihn begierig auf und gaben ihn zurück, indem sie riefen: »Heim ins Reich!«, was aus ihrem Munde soviel heißen sollte wie: »Wir Saarländer kehren heim ins Reich.«

Nun sagten die Saarländer nicht »heim«, sondern sie sagten »hemm«, was nicht nur ihrer Sprache, sondern vor allem ihrem Wesen und ihrem Temperament entsprach. Sie sagten allerdings auch nicht: »Hemm ins Reich«, was die folgerichtige Umsetzung ins Saarländische gewesen wäre, nein, sie drehten und sie modelten an diesem Ruf, sie kürzten und sie verstellten, sie wandelten ihn schließlich völlig um, und am Ende sagten sie: »Nix wie hemm«, was sich beim ersten Anhören so auslegen läßt, als hätten sie Tag und Nacht nichts anderes im Sinn gehabt als dieses Heimkehren ins Reich.

Aber so wenig wie es eine Heimpflicht und ein Reichsweh gibt, so wenig gibt es im Grunde ein Reichwerden im Heim und ein Heimkehren ins Reich. Der Saarländer, der ja weder eine geschlossen tragische Weltsicht noch einen geschlossen tragischen Konflikt, ja nicht einmal eine geschlossen tragische Situation aushält, mußte diesen unaufhebbaren Widerspruch auf saarländische Weise aus der Welt schaffen. Geborgenheit im Reich, das dem Saarländer immer etwas Fremdes und auf der anderen Seite des Rheines Gelegenes war, konnte ihm nicht zuteil werden, und so wandelte sich der Sinn dieses Rufes: »Nix wie hemm!« allmählich wieder zurück, und beim zweiten Anhören begreift jedermann, daß aus dem Heimkehren ins Reich wieder ein Heimkehren ins Heim und der Konflikt damit auf eine unspektakuläre Weise aufgehoben worden war. Geborgenheit im Reich, wo ihm schon der Pfälzer, der vor seiner Haustüre wohnt, ein furchteinflößender Fremder ist, nein, das würde es für den Saarländer nicht geben können. Wenn ein Saarländer eines Pfälzers ansichtig wurde, dann rettete er sich und rief: »Uff die Bääm, die Pälzer kumme!« Und von Schnappach, dem weitesten pfälzischen, ja bayrischen Vorposten hart an den Toren von Sulzbach und Altenwald, von Schnappach, wo es nie ohne Striemen und Schrammen abgegangen ist, sagt er respektvoll: »Seng, Schnappach!«

Seng, Schnappach, in diesem Ruf ist die auswärtige Peitsche zu hören, aber auch das Sulzbacher Grausen vor dieser Peitsche der Fremde, die so scharf knallt und so hart trifft, daß es einem ganz krank im Ohr und ganz elend im Magen wird. Diese Krankheit und dieses Elend ist das Heimweh, das, wie eine auf lauter Erfahrungen gestützte Untersuchung der Sendereihe DIALOG der Europawelle Saar nachweist, eine durch und durch saarländische Erscheinung ist, und man kann infolgedessen mit Fug und Recht vom saarländischen Heimweh sprechen.

Zum Glück haben wir kein Reich mehr, sondern einen vertraulichen Zusammenschluß von lauter Heimen, so daß das saarländische Heim neben dem rheinland-pfälzischen, dem baden-württembergischen, dem bayrischen, dem hessischen, dem nordrhein-westfälischen, dem hamburgischen, dem bremischen und dem schleswig-holsteinischen Heim die Segnungen des Föderalismus genießt, und der Saarländer braucht nicht mehr ins Reich heimzukehren. Nein, von nun an darf er bis in alle Ewigkeit in sein Heim heimkehren, und darauf hat er lange gewartet. Wenn er auch nicht mehr in die Reichspflicht genommen wird, so muß er doch Heimweh leiden, und zwar sein eigentümliches und von allen anderen Heimwehen der Welt grundverschiedenes saarländisches Heimweh, das in seiner Heftigkeit nur aus diesem kontradiktorischen Konflikt zwischen Heim und Reich zu erklären ist und, als extrem saarländisches Gebrechen, nicht Heimweh, sondern »Hemmweh« heißt.

2

Als Jean-Jacques Rousseau am 20. Januar 1763 aus seinem Schweizer Exil einen Brief an seinen Freund und Gönner, den Marschall von Luxemburg, schrieb, da sprach er von einer

Krankheit, die er nur in der Schweiz angetroffen habe und die so schlimm sei, daß sie in manchen schweren Fällen tödlich verlaufe, eine Krankheit, die die Schweizer in Strömen von Tränen ausbrechen läßt, sobald irgendwo Kuhglocken ertönen oder der Kühreigen erklingt, eine alte Volksweise der Hirten. Rousseau nennt diese Krankheit beim Namen, er schreibt diesen Namen hin und unterstreicht ihn, damit dem Marschall die außergewöhnliche Besonderheit dieser Krankheitsbezeichnung ganz deutlich bewußt werden soll; er schreibt »le Hemvé«, mit großem H und mit accent aigu auf dem letzten e.

Nun gibt es zu dieser Zeit schon ein paar Erwähnungen und sogar einige Schriften, die sich mit dem Erscheinungsbild dieses Übels befassen: ein Ludwig Pfyffer schrieb am 14. März 1569, am Tag nach der blutigen Schlacht von Jarnac, an den Luzerner Rat, unter den Verwundeten sei ein gewisser »Sunnenberg« »gestorben von heimwehe«; und 1636 vermerkt Justus Georg Schottelius in seiner »Deutschen Sprachlehre« das Wort »Heimwehe«, »wovon jener starb«. Johannes Hofer aus Mülhausen legt am 22. Juni 1688 der Basler medizinischen Fakultät seine »Dissertatio medica de Nostalgia oder Heimwehe« vor; und 1705 führt Johann Jakob Scheuchzer aus Zürich das Wort in seiner »Naturgeschichte des Schweizerlandes« in die deutsche Schriftsprache ein.

Fast ist man geneigt, diese beschriebene Krankheit ausschließlich als ein Schweizer Gebrechen anzusehen, Pfyffer und Schottelius, Hofer und Scheuchzer sprechen vom »Heimweh« oder vom »Heimwehe«, als seien es nur das Läuten der Kuhglocken und die Milchsuppe zum Frühstück wert, daß der auswärts lebende Schweizer von dieser schrecklichen Krankheit heimgesucht wird.

Indes hatte der Mülhausener Hofer aber auch schon den Begriff der »Nostalgia« empfohlen, und so schien es eine Zeitlang, als würden sich mit dem »nostos« und dem »algos« die grauenhaftesten griechischen Krankheitsbilder einfinden, zu dem Läuten der Kuhglocken würde sich das Flöten der arkadischen Schäfer und zu der Milchsuppe würden sich die gefüllten Paprikaschoten hinzugesellen, es schien, als hätte sich Odysseus, der mit diesem griechischen Heimkehrschmerz Geplagte, nach Schoten und Schalmeien verzehrt wie der Schweizer nach Milchsuppe und Kuhglocken. Aber nichts dergleichen, Odysseus hatte sich in der Fremde getröstet, bei Nausikaa hatte er die balsamischen Birnen gegessen und bei Kirke den herzerfreuenden Wein getrunken, ja wäre er nicht dazwischengetreten, seine Gefährten hätten den Lotos der Lotophagen und die Ochsen des Helios verzehrt, ohne je ein Verlangen nach den heimatlichen ionischen Schoten zu verspüren. Nein, die Griechen sind keine Schweizer, die trösten sich in der Fremde, die Schweizer dagegen sind untröstlich, wenn sie auf ihre Milchsuppe verzichten müssen.

Dennoch, aus dem schweizerischen Heimweh, einem landläufigen Gebrechen, wurde die giechische Nostalgie, eine legitime Krankheit. Das Naturübel wandelte sich in ein Kulturübel um, dem Naturwort folgte das Kulturwort nach, das physische Leiden entpuppte sich als eine Geisteskrankheit. 1763 widmete Professor Sauvage von der medizinischen Fakultät in Montpellier dem Leiden eine systematische Untersuchung in seiner methodischen Krankheitslehre »Nosologia Methodica«. Darin unterschied er die Nostalgia simplex, die Nostalgia complicata und die Nostalgia simulata, also die einfache Nostalgie, die als Magendrücken auf Reisen, die verwickelte Nostalgie, die als Magen- und Herzdrücken auf Montage, und die vorgetäuschte Nostalgie, die als Magen-, Herz- und Kopfdrücken in der Armee auftritt.

Und doch, die nosologische Systematik konnte den landläufigen Konsensus nicht verdrängen. Bei aller griechischen Methodenliebhaberei, die Schweizer hatten sich verabredet, ihr ländliches Geläute und ihre einfache Speise zum Inbegriff des heimatlichen Anrufs zu setzen, da nutzte alle triadische Logik von leiblicher, seelischer und geistiger Beanspruchung und Abnutzung der Nervenbahnen nicht das geringste. Der Tatbestand der Milchwirtschaft, nämlich die notwendige Erzeugung agrarischer Produkte, steht in enger Beziehung zum schweizerischen Heimweh, während die griechische Nostalgie eher auf erkenntnistheoretische Spekulationen beschränkt bleibt.

Das physiologische, auf reinen Sinnenbefriedigungen basierende schweizerische Heimweh steht der intellektualistischen, auf Geistestätigkeiten beruhenden griechischen Nostalgie gegenüber, und man könnte diese polaristische, diese kontradiktorische Krankheitsbeschreibung als umfassend und erschöpfend ansehen, wenn es nicht noch ein drittes, ein höheres, ein entscheidenderes Heimweh geben würde, das weder ein schweizerisches Naturübel noch ein griechisches Kulturübel, sondern ein fundamentales, quasi ein phänomenologisches Übel darstellt, das aus größerem Hunger gespeist und aus tieferem Verlangen in Gang gesetzt wird und nicht mit Milchsuppe und Paprikaschoten, nicht mit helvetischen Glocken und nicht mit arkadischen Schalmeien gestillt werden kann. Es ist ein Gebrechen, eine tödlich verlaufende Krankheit, die die Franzosen zuerst als »maladie du pays«, dann als »maladie allemande« und schließlich mit einem Namen bezeichnen, der nicht einmal ihrer Sprache angehört.

Im Jahre 1719 kommt nämlich der Abbé Jean-Baptiste Du Bos mit seinen »Kritischen Reflexionen über die Poesie und die Malerei« und 1765 der Chevalier von Jaucourt mit seinem Artikel in der Enzyklopädie, und sie sagen, trotz ihrer erkenntnisfördernden und aufklärerischen Gelehrsamkeit, nicht »Nostalgie«, und sagen, trotz der bekannten landläufigen Übereinkünfte, nicht »Heimweh«, nein, sie sagen »Hemvé«. Und auch Jean-Jacques Rousseau tauchte seine Feder in die Tinte und schrieb an den Marschall von Luxemburg nicht »Heimweh«, sondern »Hemvé«.

Wie kommt diese eigentümliche Schreibung in die französische Tradition des 18. Jahrhunderts, ja, wie kommt diese saarländische Aussprache in den Mund französisch sprechender Menschen, wenn sie jene seltsame schweizerische Krankheit beschreiben, aber weder dieses allgemeingebräuchliche Wort

»Heimweh« noch diesen wissenschaftlich eingeführten Begriff »Nostalgie« benutzen wollen?

Das Saarländische, in aller seiner unspektakulären Kleinheit, ist für sie zu einer unabweisbaren Größe geworden.

3

Das Schweizerische und das Saarländische sind nicht nur verschiedene Arten und Weisen des menschlichen Existierens, o nein, es sind verschiedene Arten und Weisen der Menschenmöglichkeit überhaupt. Es sind nicht nur unterschiedliche Existenzialien, es sind unterschiedliche Essentialien, sie stellen völlig verschiedenartige Ideen vom Menschen dar, und zwar das Schweizerische eine konstitutive, das Saarländische eine regulative Idee. Am Schweizerischen erkennt man, daß dem Menschen alles angeboren ist, das Milchsuppenessen am Morgen und die Freude an den harmonischen Kuhglocken den ganzen Tag über; am Saarländischen aber erweist sich, daß die Seele ein unbeschriebenes Blatt geblieben ist: ein französisches Weißbrot erfreut den saarländischen Menschen ebenso wie das Rauschen der deutschen Bäume. Kein Saarländer würde, wie es die ausländischen Gäste des Hotels Atlantis Sheraton zu Zürich am See tun, das nächtliche Abhängen der Kuhglocken verlangen, die dort am Ütliberg die ganze Nacht über klingen, so wie der Saarländer auch keinen Appenzeller Käse zum Morgenessen verschmäht, wenn gerade kein saarländischer Laxem oder kein Fenner Harz zur Hand sind; im Gegenteil, sein Ohr und sein Mund sind offen, sein Sinnen und Trachten sind noch nicht festgelegt und dürfen als Richtmaß, als Richtschnur, als Richtscheit für die ganze Menschheit gelten.

So gibt es das schweizerische Heimweh, und es gibt das saarländische Heimweh, von denen sich alle anderen Heimwehe dieses Universums ableiten lassen. Das österreichische Heimweh ist eher mit dem schweizerischen, das deutsche Heimweh eher mit dem saarländischen Heimweh verwandt, wie ja auch die skandinavischen Heimwehe mit allen ihren Sonderquerelen den

Stempel des saarländischen, die balkanesischen und mediterranen Heimwehe mit ihren ausgefallenen Formen dagegen rudimentäre Züge des schweizerischen Heimwehs tragen. Ermanarich, Theoderich und Alarich zogen mit ihren Goten durch Italien und über die Halbinsel Krim immer weiter in die Ferne und sagten: »Haims«. Aber Jarl und Wasa blieben bei ihren Bären und Rentieren sitzen, schürften nach den Schätzen ihres Bodens wie die Saarländer und sagten: »Hem«.

Das schweizerische Heimweh hat eine körperliche Herkunft, die sich über außerkörperliche Beschwerden in ein nichtkörperliches Leiden verwandelt; das saarländische Heimweh hat eine nichtkörperliche Herkunft, die sich über außerkörperliche Beschwerden in ein ganz und gar körperliches Leiden verwandelt. Beide Gebrechen, das schweizerische Heimweh mit seinem konstitutiven und das saarländische Heimweh mit seinem regulativen Urgrund, verzeichnen zwar ein und dasselbe Krankheitsbild, die Beschwerden jedoch zeigen sich in gegenläufiger Abfolge.

Der heimwehkranke Patient, gleichviel, ob er ein auswärts dienender Schweizer Soldat, ein in der Fremde lebender Schweizer Jüngling, ein seine Familie entbehrender Schweizer Student, ein in einem Krankenspital weilender Schweizer Pflegling oder ob er einfach ein seiner Heimat entsagenmüssender saarländischer Mensch ist, leidet an Schlaflosigkeit und Herzklopfen, an Appetitlosigkeit und Niedergeschlagenheit, an schleichendem Fieber und fortschreitender Auszehrung, was sich, infolge des gegensätzlichen Verlaufs, beim Schweizer zuerst als das Fieber der Auszehrung und zuletzt als das Herzklopfen der schlaflosen Nächte zeigt, während sich der Saarländer zuerst schlaflos in den fremden Betten wälzt, um dann am Ende fiebernd in den Kissen zu schmachten. Herzklopfen aus lauter Heimkehrschmerz, das ist begreiflich, aber Fieber ohne die geringste Entzündlichkeit, das ist unerklärbar und ohne jeden Sinn.

Aber die Angst und die Sorge, das In-der-Welt-Sein und die Geworfenheit, alle diese bitterlichen Existenzialien, vor denen der Mensch zittern und erschrecken muß, weil sie ihn immerzu auf die Erde niederwerfen, das Rohe und das Gekochte, die Köchinnen und die Menschenfresser, alle diese gräßlichen Schreckbilder und Quälgeister, die ihn drücken und plagen, sollen sie ihn in alle Ewigkeit nicht aus ihren Klauen lassen? Oder ist nicht vielmehr eine Heilkraft nötig, die nicht an Milchsuppe und an Kuhglocken gebunden ist?

Was das schweizerische Heimweh anbelangt, so wird zuverlässig berichtet, daß ein heimwehkranker Berner Jüngling bei seiner Heimkehr schon auf halbem Wege genesen war, daß eine Basler Bäuerin bereits schon bei der Entlassung aus dem Krankenhaus, worin sie wegen eines schweren Leidens eingeliefert worden war, nach total erfolgloser Behandlung sofort genas, daß ein Appenzeller Bedienter durch die bloße Erlaubnis seines Pariser Dienstherrn, nach Hause gehen zu dürfen, völlig gesundete, ohne daß er überhaupt Gebrauch von diesem Anerbieten machen mußte.

Das zeigt, allein die Vorstellung, die Kuhglocken wieder läuten zu hören und der Milchsuppe zum Frühstück wieder teilhaftig zu werden, genügt schon, das Übel zu kurieren. Der Schlaf und der Appetit stellen sich wieder ein, die Niedergeschlagenheit verwandelt sich in ein freudiges Hochgefühl, und die abgezehrten Wangen beginnen sich wieder zu röten.

Ganz anders zeigt sich der Verlauf der saarländischen Heimwehkrankheit. Die Überbeanspruchung jener Nervenbahn, die das regulative Heimweh hervorruft, durch dieses einzige, immerzu nagende Gefühl der Saarferne und den damit verbundenen bohrenden Gedanken, diese Saarferne wieder in eine Saarnähe zu verwandeln, strapaziert die saarländische Seele dermaßen heftig, daß sie ihre Erschöpfung und Entkräftung auf den saarländischen Körper überträgt und ihn schließlich auf den Tod gefährdet. Auslösendes Moment, die Saarferne zu empfinden, ist dabei nicht ein physiologischer Vorgang wie dieser akustische des Kuhglockenhörens oder dieser chemische des Milchsuppeessens beim Schweizer Menschen, nein, die Triebfeder des saarländischen Heimwehs ist ein psychischer Drang, der darauf beruht, daß es an der Saar etwas gibt, das sonst nirgendwo auf der Welt existiert, und zwar nicht etwas Ohrgängiges wie eine Glocke oder etwas Zungengreifliches wie eine Suppe, sondern etwas völlig Irreales und Irrationales.

Der Saarländer könnte gut und gerne die preisgekrönte Lionerwurst der Firma Kunzler aus Überherrn der Schweizer Milchsuppe an die Seite stellen, und auch die Trompeten der Saarbrücker Stadtkapelle, die sogar die georgischen Menschen aus Tbilissi in eine tiefe Rührung versetzt haben, brauchen den Schweizer Alphörnern nicht aus dem Wege zu gehen, nein, das ist es nicht. Es ist auch nicht eine schon eher unkörperliche Ursache wie der Mangel an dünner und feiner Luft, den der Schweizer leidet, wenn er die dickere und gröbere Luft der Ebenen atmen muß, was der Zürcher Scheuchzer vermutet, nein, es ist ein ganz und gar anderer Beweggrund, der die saarländische Schlaflosigkeit und das saarländische Herzklopfen, die saarländische Appetitlosigkeit und die saarländische Niedergeschlagenheit, das saarländische Fieber und die saarländische Auszehrung hervorruft.

Da hilft kein Schwitzen und kein Aderlaß, da helfen keine herzstärkenden Arzneien und keine schlafbefördernden Mixturen, da helfen keine Brech- und keine Laxierpillen, da hilft nur ein einziges Mittel. Erst wenn dem Patienten dieses besondere saarländische Lebenselexier, dieses einzige Heilmittel zugeführt und wiedergeschenkt wird, erst wenn dieses ganz und gar saarländische Nähegefühl, das aus diesem irrationalen Urgrund entsteht, sich wieder einstellt, dann läßt der verheerende Einfluß dieses Übels nach, und der Patient kann wieder genesen.

Diesem eigentümlichen saarländischen Heimweh am nächsten kommt das, was Johann Georg Zimmermann eine ganz spezifische Traurigkeit genannt hat, die »Traurigkeit aus der vergeblichen Begierde, seine Leute wiederzusehen«. Da braucht niemand erst zu singen: »Zu Straßburg auf der Schanz!« oder: »Das Alphorn hat mir solches angetan!« Da braucht kein Kühreigen getanzt zu werden und braucht auch keine Suppenschüssel auf einem Frühstückstisch zu erscheinen, nein, dieses Gefühl hat eine völlig andere Herkunft und es hat eine andere Bewandtnis mit ihm. Und auch das Heilmittel liegt nicht außerhalb und muß erst einverleibt werden wie eine Suppe oder wie die Melodie einer Sackpfeife. Ein saarländischer Mensch genest nicht von seinem Heimweh, wenn er bereits die Hälfte der Wegstrecke zwischen der Fremde und dem Saarland zurückgelegt hat, er genest nicht schon bei der Entlassung aus dem Krankenhaus, und er genest schon gar nicht, wenn ihm die Heimkehr lediglich in Aussicht gestellt und angeboten wird. O nein, der Saarländer mit diesem seinem Saargefühl muß der Saarnähe aufs innigste teilhaftig werden, denn nur an der Saar selbst gedeiht dieses Elexier seines Lebens.

Als mein Bruder, der ein Maler- und Anstreichermeister ist, seinen dreiwöchigen Urlaub in Kärnten verbrachte, da sagte er am dritten Tage »Vater« zu mir, am vierten stieg er auf die Leiter und wollte dem Hotelier sein Gasthausschild neu anmalen, am fünften bekam er Fieber und am sechsten probierte er aus, ob seine Koffer noch in den Kofferraum unseres Autos paßten; und als er mich ein Jahrzehnt später in Paris besuchte, da saß er eine Stunde früher als verabredet am abgesprochenen Treffpunkt in einem Café in Les Sonnettes und sagte bei unserem Eintreffen: »So, nur noch drei Tage, und dann sind wir wieder daheim.« Ihm schmeckten die Kärntner Knödel und die französischen Hechtklöße, er lauschte der Feuerwehrkapelle von Treßdorf im Gailtal mit dem gleichen Wohlbehagen wie dem Bandonionspieler von der Pont Marie, nein, es waren keine Entbehrungen der physischen Natur, Gott bewahre. Aber daß er ausprobierte, ob die Koffer noch in den Kofferraum paßten, die ja kaum eine Woche zuvor bequem Platz darin gefunden hatten, und daß er eine Stunde zu früh in Paris angekommen war, seine Heimat also früher als notwendig verlassen hatte, das alles kann nur Gründe haben, die tiefer hinabreichen als in physiologische Bezirke.

Er war auch nicht auf Vorteile bedacht, er dachte nicht nach, wie er diesen Heimkehrschmerz am wirkungsvollsten bekämpfen könne. Er dachte nicht, je früher ich wegfahre, um so früher bin ich wieder daheim. Er dachte auch nicht, wenn ich erst einmal sicher bin, daß die Koffer bei der Heimfahrt noch genauso groß sind wie bei der Herfahrt, dann ergeben sich von vorneherein keine Verzögerungen bei der Abfahrt, die darin bestehen könnten, die zu groß gewordenen Koffer zu verkleinern oder sie so geschickt zu plazieren, daß sie alle zusammen den gleichen Platz einnehmen wie bei der Herfahrt. Nein, mein Bruder würde keinen Augenblick zögern, Ballast abzuwerfen, wenn es darum geht, heimzukehren und seine Leute wiederzusehen, und er würde sich nicht scheuen, früher daheim zu sein, auch wenn er später weggefahren sein sollte, selbst wenn er damit einen Vorsatz über den Haufen werfen müsse. Man bedenke, er hatte, nach drei Tagen Abwesenheit von den Eltern, zu mir, seinem Bruder, »Vater« gesagt. Dabei kann es nichts Berechnendes geben, nein, das saarländische Heimweh ist nicht etwas Spekulatives.

Das saarländische Heimweh ist eine Leitidee. Nur wer wie der saarländische Mensch am Heimweh erkrankt, glühend vor Fieber und über alle Maße nichtkörperlich zugleich, der entwikkelt auch in sich selbst eine Heilkraft, die das Weh besänftigt und verwandelt. Es ist ein Elexier, das an der Saar gedeiht, nicht in Gärten oder am Wegrand wie ein Gewächs, das man in eine Milchsuppe tut, damit sie das erschlaffte Gemüt stimuliere, oder mit dem man die Glocken einer Kuh bestreicht, damit sie herzergreifender klinge, nein, dieses Gewächs ist eine geheime Kraft, die sich in dem Augenblick entfaltet, in dem man seine Leute wiedersieht, wie sie sich wohlfühlen in ihrer Haut, eine Kraft, die beileibe nicht hartnäckig im Menschen eingeschlossen bleibt, sondern sich entäußert und allen anderen Menschen mitteilt, sonst könnte man von ihr nicht als von einer Leitidee sprechen.

Diese Heilkraft ist die Freude. Die Freude ist das Regulativ am saarländischen Heimweh, sein moralischer Zug, seine Botschaft für die Welt. »Es ist die Freude«, das sagt auch Hölderlin in seinem Gedicht »Heimkunft«, worin das Wort »Freude« das häufigste Wort ist. Ja, die wahre Freude besteht darin, heimzukehren, und in der Heimkehr selbst liegt die Freude tief beschlossen. Aber das saarländische Heimweh in seiner regulativen Impulsivität läßt es nicht dabei bewenden, daß das Heimkehren Freude *macht,* ja noch nicht einmal, daß das Heimkehren selbst die Freude *ist,* nein, aus dem regulativen Affekt des saarländischen Heimwehs springt der dichterische Funke auf alle anderen Menschen über.

Was sagt Heidegger über dieses Heimkehrgedicht Hölderlins? Er sagt: »Das Dichten macht nicht erst dem Dichter eine Freude, sondern das Dichten *ist* die Freude, die Aufheiterung, weil im Dichten das erste Heimkommen besteht. Die Elegie ›Heimkunft‹ ist nicht ein Gedicht über die Heimkunft, sondern die Elegie ist als die Dichtung, die sie ist, das Heimkommen selbst«, aber Heidegger fährt leider fort und sagt: »das sich noch ereignet, solange ihr Wort als die Glocke in der Sprache der Deutschen läutet.«

Nun läutet nämlich dieses Wort auch in der Sprache der Österreicher und der Schweizer, der Luxemburger und der Lothringer, und es läutet vor allem in der Sprache der Saarländer, von denen allen man nicht sagen kann, ihr Sinnen und Trachten stünde nur nach diesem Deutschen und nach sonst nichts. Die schweizerische Glocke ist nun wahrhaftig mehr eine Kuhglocke und die saarländische ein ganz und gar innerliches und unsichtbares Seelenglöckchen, die beide nicht »heim ins Reich« läuten, wohl aber zusammenklingen, physikalisch und moralisch, und die Freude aus dem Weh entbinden. Hölderlin hätte wohl, nicht aber hätte Heidegger von saarländischer Herkunft sein können.

Im Weh ist die Freude eingeschlossen, aber nicht für alle Zeit. Je ferner die Ferne ist, um so größer ist das Weh, je näher die Nähe rückt, um so größer wird die Freude. Und so sagt der saarländische Mensch: »Nix wie hemm!« und kehrt heim in die Freude, von der er den anderen Menschen allen so viel abgeben kann, so viel sie immer mögen. Ja, Physik und Moral läuten auf einmal zusammen, und es klingt wie das Gedicht eines Dichters, wenn die Menschen der verschiedensten Zungen sich die Hände reichen und sagen: »Hemmweh.«

Womöglich ist es ein Dichter gewesen, von dem der Abbé Du Bos und der Ritter von Jaucourt das saarländische Wort gehört und gelernt haben. Aber in historischer Ermangelung eines solchen ist es viel eher ein saarländischer Handwerksbursch aus dem Maler- und Anstreichergewerbe gewesen, der vor ihren Augen schon am vierten Tage seiner Wanderschaft auf eine Leiter stieg, um dem Herbergsvater sein Schild neu anzumalen, am fünften in ein hitziges Fieber fiel und am sechsten nachzuprüfen begann, ob seine Siebensachen, die er eben erst ausgepackt hatte, noch Platz in seinem Rucksack hatten. Da saß er mitten zwischen den weltläufigen Enzyklopädisten, glühte vor Fieber und sagte »Vater« zu ihnen. Hätten Du Bos und Jaucourt diesen Menschen für etwas anderes als einen Dichter halten können?

Es gibt Reisen zu Denkmälern

(Es gibt Reisen zu Denkmälern, und wenn man hinkommt, dann sind sie gar nicht aus Stein oder aus Marmor oder nur aus Papier, o nein, ganz plötzlich haben sie sich als lebendige Köpfe entpuppt, und ich kann sogar mit ihnen sprechen. Wenn ich umgekehrt unter einem Baum liege, dann liege ich zugleich unter einem Gedicht: das verschafft mir einen doppelten Nutzen und einen doppelten Genuß. Ich bedauere jeden, der sonntags ins Grüne fährt und sich einfach nur unter einen Baum legt und denkt, mit diesem bißchen frischer Luft sei es schon getan. Oh, wenn er wüßte, daß aus einem Gedicht oft ein ganz anderer Wind weht.

»Süßer Taumel im Gras!« ruft Annette von Droste-Hülshoff, aber das ist nicht dasselbe, wie wenn man sich in der Wiese wälzt und die Beine in die Gegend streckt. »Für das Lied jedes freien Vogels im Blau eine Seele, die mit ihm zieht«, sagt sie, »für jedes Glück meinen Traum.« Ich reise zu Denkmälern hin, ob sie nun in Erz gegossene Standbilder oder auf Papier gedruckte Gedichte sind, und warte geduldig, ob sich Sprechblasen vor ihrem Munde bilden, die in meinem Kopf aufplatzen und meine Träume befeuern. Ist je etwas heil gewesen außer im Traum? Aber ich will den verlorenen Zustand gar nicht als den wirklichen beschreiben, ich will ihn auch nicht beklagen, nein, keine Idyllen und keine Elegien. Bei toten Denkmälern rührt sich nichts mehr, aber von lebendigen gehen die Sprechblasen aus. »Es genügt nicht, das Bestehende darzustellen, notwendig ist es, an das Erwünschte und an das Mögliche zu denken«, sagt Maxim Gorki, auch wenn es weh tut.)

Rousseaus vergessene Findelkinder

In diesem Jahr hat es keinen Rousseaufrühling gegeben. Nein, Salomo in aller seiner Pracht hätte sich nicht zu verstecken brauchen. Wir, das bin ich und das sind Gerd Ludwig, Georg Bense und das Team vom Saarländischen Rundfunk, kommen nach Genf, um zu filmen und zu fotografieren, aber es regnet. Von Rousseaus Geburtshaus in der Grand'Rue ist gerade das Restaurierungsgerüst zum Nachbarhaus gewandert, und zum 200. Todestag des Philosophen erscheint die Antiquitätenstraße im teuren Schick der siebziger Jahre. Die Läden sind aufgeputzt und tragen stattliche Namen, alle eine Idee zu groß. Der Laden in der Straßenmitte heißt »Les Grandes Epoques«, der Laden im Rousseauhaus »Au vieux canon«. Ja, Rousseau ist auch in Genf zur großen Kanone geworden, nachdem die kalvinistische Bürgerschaft ihn lange verachtet hatte. Zwar ist er überallhin zurückgekehrt, seit die Natur und die Tugend wieder etwas gelten in der zivilisierten Welt, aber auch er ist arg heruntergekommen und ramponiert.

»Zurück zur Natur!« soll er gerufen haben zu einer Zeit, als die Wissenschaften und die Künste gerade begonnen hatten, den Menschen des 18. Jahrhunderts eine neue Zeit zu eröffnen. Wir wollen seinen Lebensspuren folgen und ihre Abdrücke in unserer heutigen Zeit beobachten und beschreiben, vielleicht treffen wir sogar seine Findelkinder in einer vergessenen Ecke, vielleicht sind wir diese Findelkinder selber.

Am Ausfluß der Rhône aus dem Genfer See sitzt er, von Pradier in Bronze gegossen, mit der Feder in der Hand und dem Buch auf dem Knie, dem Wasser zugekehrt, das er zeitlebens geliebt hat. Aber er blickt ganz versonnen auf den grünen Rasen vor seinen Füßen, den eben ein junger Mann betritt. Er stellt seinen Rucksack neben sich auf den Sockel, auch er nimmt ein

Buch in die Hand. Sein Blick liegt auf den Tauben im Gras, vielleicht ist es ein Nachfahr des jungen Boswell aus Schottland, die Zeit ist für einen Augenblick aufgehoben, und »Vacheron et Constantin« werben umsonst für ihre gediegenen Uhren. Das Schweizer Kreuz und der Baukran sprechen die Sprache des Augenblicks, das Kreuz weht über den Schrebergärten, und der Baukran ragt in die Wohnstuben hinein.

Rousseaus Zauberwörter hießen »Naturzustand« und »Tugend«, für ihn waren sie eines und dasselbe, die Natur war ihm tugendhaft, die Tugend war ihm natürlich. In der tugendhaften Natur und in der natürlichen Tugend lag das Glück beschlossen, le bonheur, die gute Stunde, das konkurrenzlose Leben des schönen und des braven Wilden. Was später kam, waren Kunst und Wissenschaft und war das Laster. Das unselige Vervollkommnungsstreben hatte den Menschen verdorben, die Perfektibilität hatte ihn um sein Glück gebracht.

Rousseau war Fußgänger. Auch wenn er ein Gefühlsmensch war und zeit seines Lebens nicht mit beiden Beinen auf der Erde stand, so war er als Spaziergänger doch immer ein menschlicher Mensch geblieben, und seine republikanische Gesinnung hing mit dem Gehen und mit dem Träumen zusammen. Der Mann auf der »Bally«-Reklame ist ein Schatten gegen ihn, nur noch seine Schuhe berühren den Boden, das ist zu wenig. Eine nackte Negerin trägt »Rifle«-Jeans, die Passanten bleiben stehen, das ist zu viel. Hinter dem Bauzaun mit den Plakaten ändert sich die Schauseite der Genfer Altstadt und nimmt ganz moderne Grautöne an.

Wir fahren durch die Weinberge von Vevey und Clarens. In Vevey war Rousseau im »Restaurant de la Clef« abgestiegen, hierher hatte er seine Helden der »Neuen Heloise« versetzt. »Geht nach Vevey«, schreibt er in seinen »Bekenntnissen«, »besucht die Gegend, beschaut die Landschaft, fahrt auf dem See umher und sagt, ob die Natur dies schöne Land nicht für eine Julie, für eine Clara und für einen St.Preux geschaffen hat!«

Wir besuchen die Gegend, wir beschauen die Landschaft, aber

die Bahnlinie und die doppelte Autobahntrasse oberhalb der Weinhänge von Chexbres lassen uns keinen Zutritt zum Ufer, und wir können Julie und ihren Liebhaber nicht in Meillerie besuchen. Auch der alte Pfad vom Weinberg zu den Zypressen ist unterbrochen. Zwischen den Rebpfählen und den klassizistischen Tempelsäulen fahren jetzt die Sattelschlepper. Sie haben »Henniez santé« geladen, das natürliche alkalische Mineralwasser gegen Leber-, Nieren- und Harnblasenleiden. Es wirkt diuretisch und verdauungsfördernd, und ganz Vevey gesundet an den Erzeugnissen aus der Plastikflasche, nur der arme Jean-Jacques nicht mehr, der zeitlebens an der Blase gelitten hat.

In Vevey gastiert der Zirkus »Nock«; der Clown lacht, wenn er traurig ist, er weint, wenn ihn die Freude überkommt. Auf dem Müllhaufen im Weinberg liegen Coca Cola-Dosen, Brasi Long-Schachteln, Valflora-Tuben. Sechs Arbeiter bereiten den neuen Boden. Zwei von ihnen hacken die Erde, zwei andere streuen Humus und zwei weitere pflügen zwischen den Stöcken. Ein kleiner Motor zieht den Pflug an einer Trosse, die Auspuffgase und der künstliche Dünger verpesten die Luft. Im Weinberg liegen die leeren Düngertüten, die Erde hat andere Namen angenommen. Sie heißt Fertisol und Nitard, auch sie leidet am Lateinischen und an der Perfektibilität.

Als Sechzehnjähriger hatte Rousseau der Stadt und dem See den Rücken gekehrt. In Annecy war er Frau von Warens unter die Augen getreten, am Palmsonntag 1728. Zwar wachsen auch heute noch Kastanienbäume und Birken an der geheiligten Stelle, es blühen Stiefmütterchen, und der Efeu hängt über die Mauer; es gibt den Steg über das Wasser, und die große Glocke tönt gemessen, wie es sich am Sonntag gehört; aber hinter dem Idyll wächst ein Wohnblock in die Höhe, die Résidence SCI Jean-Jacques Rousseau mit 37 Appartements und einer Einkaufsgalerie »dans un cadre exceptionnel«, mit Garagen und Parkplätzen. An den großgeblümten Bauzaun pißt ein Hund, er kratzt sich und leckt sich hinten zwischen den Beinen. »Der Charme der Altstadt und der Komfort von heute«, das ist der Werbespruch von Annecy, Jean-Jacques hätte sich doch besser um seine Findelkinder selber gekümmert.

Chambéry ist trübselig und düster, die Menschen und die Mauern sind muffig und unwirtlich. Die Restaurants sind geschlossen, im Hotel gibt es kein Geld auf Euroschecks, das Haus des Grafen von Saint-Laurant ist eine Bettelecke. In Rousseaus Dachkammer mit Holzverschlägen und handgemachten Riegeln steht ein kleines blondes Mädchen unter der angegilbten Unterwäsche, die dort aufgehängt ist. Es steht auf den verrotteten Dielen und zeigt seine Zahnlücken. Unten im Hof zwischen M. Girardets Glaserei und M. Routins Weinhandlung, zwischen dem Tapeten-Hauptdepot und dem hauptstädtischen Presbyterium betteln die Findelkinder des neuen Jahrhunderts, das das Jahrhundert des Kindes sein sollte.

Es ist kein Wunder, daß Rousseau aus dieser Stadt aufs Land floh. An einem Sommertag des Jahres 1735 stand er mit Frau von Warens an der hohen Treppe, die nach »Les Charmettes« hinaufführt. Noch immer ist die Treppe steil und hoch, Schulkinder und Hausfrauen erscheinen auf den Stufen, vor dem Café an der Ecke parken drei Motorräder. Madame Oliva mischt Grenadine und Limonade mit einer Flasche Bier, die jungen Männer stehen am Bordstein, sie plaudern und trinken ihren »Monaco«. Linkerhand an der Treppe hat ein Katasterbeamter sein Büro, vielleicht gibt es noch eine Akte, die der brave Jean-Jacques bearbeitet hat.

M. Aubert, der Konservator im Savoyischen Museum, genehmigt filmische und fotografische Aufnahmen im Sommerhaus der Frau von Warens. Er setzt seine Unterschrift wie einen Notenschlüssel, und wir singen eine Oktave. Das Landhaus von »Les Charmettes« liegt mitten zwischen blühenden Apfelbäumen, die Sonne ruht auf dem Dach, die Blätter flirren, fast sieht es nach einem Rousseaufrühling aus. General Oudot wohnt im Nachbarhaus, er ist Landwirt geworden, ein Jünger Rousseaus, der »lieber einen Baum auf eine Terrasse als eine Fahne auf eine Bresche« pflanzt. Seine Tochter trägt ein Kopftuch über dem schwarzen Zopf, sie zeigt nach dem schmalen Haus, sie zeigt nach dem kleinen Garten, sie zeigt nach einem Pfad auf der gegenüberliegenden Talseite und erklärt, daß dies der »Pfad der Liebenden« sei. Isabelle Oudot zeigt das Haus, den Garten und den Pfad mit soviel Liebreiz, daß sich sogar der Fotograf für einen Augenblick in Rousseau verwandelt.

Auf dem Pfad riecht es streng nach Knoblauch; aber während sich die Liebhaber im wilden Knoblauch wälzen, baut der General Erbsen und Karotten und zähmt die ungestüme Natur. Sein Gegenüber ist nicht so charmant wie er, er scheucht den Fotografen und die Kameraleute aus seinem blühenden Löwenzahn, nein, sein Hof ist nicht »Charmettes«. Im Garten von »Les Charmettes« steht M. Bontron, der Museumswärter, und rezitiert das Gedicht vom »Apfelhain der Frau von Warens«. Er sagt: »Ihr Tage, köstlich süß, mit Schatten überall! / Der schmeichelnde Gesang der zagen Nachtigall«, dann greift er sich an sein Herz und ruft aus: »das schmeichelnde Geschwirr der pfeilgeschwinden Quelle / entfachen in der Brust verführerische Helle.« Er ruft es auf französisch, aber es klingt gar nicht nach Rousseau.

In Rousseaus Zimmer liegt die Morgensonne. Das Zimmer ist feucht, und der Fußboden mußte erneuert werden. »Schade«, sagt M. Bontron, »sonst ist alles noch wie es war«, und er schaut wie ein Reptil. David Martins Kupferstich hängt über der Kommode, auf der Kommode blüht Immergrün in einem Tontopf, ja, es ist schade, daß nicht alles so bleibt, wie es ist. Auch das Morgenlicht verschwindet zu schnell von der Kommode, der Fotograf bedauert es mit seinem blauen Augenaufschlag. Der Schachtisch, an dem Rousseau mit dem Prinzen von Conti gespielt hat, fault in der Ecke, die Diener haben über Jean-Jacques im Verschlag geschlafen, sie haben die Decke ramponiert und die Tapete zerfetzt. Schade um das »Immergrün der Gefühle«.

Unten im Hof radelt der dreijährige Sohn des Hausmeisters in seinem Plastikauto. Er heißt Jean-Jacques, und seine Mutter sagt: »Er hat schon jetzt ein sanftes Wesen.« Der kleine Jean-Jacques Marin trägt eine amerikanische Armeemütze, er wälzt seinen Schnuller wie Kaugummi im Mund und radelt achtlos über das blühende Immergrün. Ich sitze in der Sänfte der Frau von Warens und fürchte mich vor dem sanften Wesen.

Ein junger Mann fegt den Hof mit einem Reisigbesen, dann steigt er auf die Leiter und schneidet den wilden Wein. M. Bontron zeigt sein Reptilgesicht und streckt den Finger nach dem jungen Mann aus. »Er ist ein Wintzenried«, sagt er, »ein richtiger Wintzenried wie der Wintzenried, der Rousseaus Platz bei Frau von Warens eingenommen hatte. Blond und fad«, sagt M. Bontron und zitiert Rousseau wörtlich, »er hat sogar Pickel im Gesicht.« Der junge Arbeiter hat es mit angehört, er steigt von der Leiter herab und legt die Baumschere auf die Mauer. Er lacht, er legt dem Reptil die Hand auf die Schulter, und er sagt: »Aber Pickel hab ich keine.«

Am Boulevard de Lémenc steigt Rousseau einen Felsen herab, er ist aus Bronze, schon zweimal restauriert, aber unverwüstlich. Er steigt mitten in eine savoyische Wiese mit lauter Gänseblümchen hinein. Savoyen ist grün geworden, vielleicht hält der Frühling Rousseaus doch länger an. Unter blühenden Bäumen, zwischen Wein und Stachelbeeren bewegt sich ein alter Bauer. Er schwingt die Hacke über dem Kopf, er zieht eine Egge mit der Hand, er sät rote Rüben aus einer Plastikschüssel. Womöglich haben die Anverwandten ihn längst vergessen, und er ist froh, daß wir ihn hier gefunden haben. Er sorgt für das zukünftige Grün auf seine Weise, nicht wie die Männer in M. Lavergnats utopischer Salat- und Gemüsefabrik in Bossey. Plastikzelte wölben sich über dem Salat, ein Mann im blauen Anzug handhabt die Gießkanne, andere harken und hacken und produzieren das Grün des 21. Jahrhunderts. Neben der Kirche in Bossey heben Arbeiter einen Wassergraben aus, hier ist fast noch 18. Jahrhundert, wer weiß, ob nicht noch das Wasser Rousseaus, das den Baum auf der Terrasse des Pfarrers von Bossey benetzen sollte, in den neuen Graben fließt.

Annecy, Chambéry, Les Charmettes, der dreißigjährige Rousseau ging nach Paris, in die »häßliche, stinkende« Stadt. Aber als Frau von Epinay ihm das Gartenhaus ihres Schlosses von Montmorency zur Wohnung anbot, verließ er die Stadt, »um nie wieder in ihr zu wohnen«. Er hatte sich mit seinen Freunden überworfen, seine fünf Kinder ins Findelhaus gesteckt, sein Harnröhrenleiden zur Ausflucht seines Lebens gemacht. In Montmorency begann seine Zeit als Schriftsteller: mit der »Neuen Heloise« schrieb er den Roman der neuen Empfindsamkeit, mit dem »Gesellschaftsvertrag« den Roman der neuen Politik, mit dem »Emil« den Roman der neuen Pädagogik. Er lebte sechs Jahre lang in Montmorency, zuerst in der Ermitage der Frau von Epinay, dann in seinem Haus in Montlouis.

In Montmorency ist Sperrmülltag, als wir ankommen. Aber nicht nur verrottete Betten und vergilbte Zeitungen liegen auf den Straßen, auch der ganze moderne Schrott in den Schaufenstern wartet auf den Abtransport. Im Souvenirladen »Heloise« in der Avenue Emile sind nicht Julie, Clara und St. Preux zum Verkauf ausgestellt, sondern Johnny Halliday, Mike Brant und Edith Piaf. Rousseau steht auf seinem Sockel, von Hélène Guastala in Sandstein gemeißelt, in seiner Linken trägt er einen Blumenbund, in seiner Rechten eine Lupe, botanisierend steht er über dem Asphalt, und alle motorisierten Findelkinder fahren achtlos um ihn herum.

Die Schule geht aus, die Groupe Pasteur der Volksschule quillt aus dem Tor. Eine Mutter ruft: »Véronique!«, aber Veronika wälzt sich mit einem Jungen im Staub, auf seinem Ranzen ist Lucky Luke zu sehen, wie er sein Lasso wirft, ganz Montmorency ist gefesselt von seiner eigenen Geschichte. Jean-Jacques hat lange hier gelebt, für seine Verhältnisse, in seinen alten Pariser Freunden sah er seine Verfolger.

Die Ermitage ist eine luftige psychiatrische Klinik, Montlouis ein muffiges Museum. M. Rowe, der Konservator, setzt sich nicht auf Rousseaus Stuhl, schreibt nicht an seinem Tisch, legt sich nicht in sein Bett, nein, das wäre ein Sakrileg. M. Rowe erzählt die Geschichte von Rousseaus Blasenoperation und von der Umarmung der Frau von Houdetot unter der Akazie von Eaubonne. Die Akazie hat sich inzwischen in eine Eiche verwandelt, sie ist aus dem Garten von Eaubonne auf die Hügel von Andilly gewechselt, sie heißt heute »Baum der Freiheit«, 1848 vom Bürgermeister gepflanzt und vom Pfarrer geweiht. Dafür sind die Gärten von Andilly nach Eaubonne heruntergekommen, ein teuerer Tausch.

»Les Jardins d'Andilly« steht auf einem Bauschild geschrieben, zwei rote Äpfel zeugen für schwellende Natur, hier kann man rund um eine Terrasse herum wohnen, noch gibt es Wohnungen zu kaufen: die Gärten von Andilly sind Wohnblocks über dem Einkaufscenter. Ein Neger geht vor dem Schild vorbei, der schöne Wilde ist aus dem Supermarkt getreten. In seinem Einkaufswagen liegt eine Pappschachtel, darauf steht gedruckt, ein deutsches Erzeugnis: »10×20 Negerküsse«, das sind 200 Negerküsse, in Biskuit und in Pappendeckel verpackt. Ja, die Gärten erheben sich über der »escale 95«, im »jardinery« sind Zimmerpflanzen und Kunstdüngersäcke gestapelt für die Schlafboskette und die Wohnrabatten der »Garten«bewohner. Vor einem Spalierobsthain steht ein Schild: »Stationnement interdit aux nomades«. Aber die Jungs in den Lederjacken sind seßhaft, und ihre Yamahas sind keine Komödienwagen.

Rousseau blieb sechs Jahre in Montmorency, dann floh er in die Schweiz. Das Parlament von Paris hatte seinen »Emil« verurteilt, die Polizei hatte die Auflage beschlagnahmt, es bestand Haftbefehl gegen den Autor, auch in der Republik Genf. Rousseau, der Bürger, fand ein Asyl in einem Bauernhaus in Môtiers im Tal von Travers im preußischen Fürstentum Neuenburg. »Hier beginnt nun das Werk der Finsternis, in der ich mich seit acht Jahren begraben sehe, ohne daß es mir möglich gewesen wäre, ihr schreckliches Dunkel zu durchdringen«, schreibt er später in seinen »Bekenntnissen«. Nein, der Nomade sollte auch fortan keine Ruhe finden.

Es regnet in Môtiers, wir sitzen im »Hotel des six Communes«, trinken einen Trester und starren auf die Straße. Längst gibt es nicht mehr das weiße Haus mit den grünen Fensterläden, in dem der junge Boswell den Philosophen gefunden hatte, weil er wußte, daß auch der kleine Emil ein solches Haus bewohnen sollte. Aber die Wirtin weiß auch uns nichts zu erzählen, genauso wenig wie Boswells Wirtin vor zweihundert Jahren.

Madame Montandon ist die Beschließerin des Rousseauhauses. Sie verweist uns an Richter Favarger. M. Favarger, im Vorsitz der regionalen Rousseau-Gesellschaft, läßt nach Neuchâtel telefonieren. Madame Curtit, im Dekanat für Literaturwissenschaft, fragt nach Professor Matthey, der allein die Film- und Fotografiererlaubnis erteilen darf. Aber der Professor ist nicht aufzufinden, vielleicht läßt er sich verleugnen, wer weiß. Nein, M. Rousseau ist in Môtiers noch immer nicht beliebt; auch wir sind nicht erwünscht, es fliegen zwar keine Steine, und auch der Pfarrer tritt nicht auf die Straße und hebt beschwörend die Hände gegen uns auf.

Wir sitzen im »Hotel des six Communes«, die Leute aus Couvet und aus St. Sulpice, aus Buttes und aus Bouveresse, aus Fleurier und aus Môtiers sind willkommen; sie sitzen da und spielen Karten, ein Trupp Kinder reitet vorbei, der alte Schuster schaut aus dem Fenster, zwischen den kahlen Platanen auf dem Kirchplatz fegt der Wind die Konzertplakate zusammen. Am 13. singen die Zigeuner in Couvet, am 22. singen die Gosses de Paris in Verrières, am 26. singt Jacques Debronckart in Môtiers. Alle sind willkommen und erwünscht, nur wir stehen im Regen und haben keinen einzigen Fürsprecher.

»Ici on loge à pied à cheval« heißt es auf dem alten Wirtshausschild über den fünf Arkaden, wir sind aber mit Autos gekommen, und vor uns auf dem Tisch stehen Bücher und Kameras anstatt Gläser und Flaschen. Im Regen schlendern wir das Ufer der Areuse entlang, wir tragen Cordmäntel und Parkas und atmen die frische Luft wie seinerzeit Boswell, der sogar aus Schottland gekommen war, um den Dichter zu sehen. Boswell hatte seinen scharlachroten Rock und die Beinkleider aus

Buckskin angelegt, er hatte Rousseau die Hand gedrückt und ihm auf die Schulter geklopft, weiß der Himmel, so leutselig wollten wir gar nicht sein. Und doch sind wir lästig in Môtiers wie damals der schottische Dichter mit Kragen und Pelzbesatz.

Aber dann reißt der Himmel auf, und aus Buttes eilt Professor Matthey herbei. Es ist schon später Nachmittag, aber der Professor hat jetzt erst Kunde von unserer Anwesenheit bekommen. Da langt er an und hebt den Finger und ist der heilige Matthey der eidgenössischen Literaturwissenschaft. Die Bauernstube Rousseaus wird hell im Scheinwerferlicht und in den Geistesblitzen des kundigen Professors. Beim Fotografieren hält er die Tür, damit Rousseaus Statuette nicht verdunkelt ist, er putzt die Scheibe auf dem Pastell von Quentin de la Tour mit seinem Taschentuch, fast legt er die Hand auf die Büste von Houdin, so vertraulich möchte er sein mit dem sonst so geschmähten Dichter.

Doch Rousseau floh aus dem Tal von Travers, und wir folgen ihm auf die Petersinsel im Bieler See. Wir wohnen im »Hotel Schloßberg« in Erlach und essen gebackene Eglifilets. Herr Stämpfli, der das alte Gut auf der Insel bewirtschaftet, heißt uns willkommen wie einst der Steuereinnehmer den gejagten Jean-Jacques. Hier war die Botanik zu seinem müßigen Studium geworden; er beobachtete und sammelte, er warf sich auf die Erde und streifte durch das lichte Gehölz. Er wollte den Naturzustand der Pflanzen vor dem Anbau und ihre Entstellung durch die Hand der Menschen, ja er wollte die ganze »Flora Petrinsularis« beschreiben, ein Buch über jeden Grashalm, so wie »ein Deutscher über eine Zitronenschale ein ganzes Buch geschrieben« hatte.

Er lag einst müßig im Kahn, die Ruderer vom Bieler Wassersport aber sind geschäftig in ihren Booten. Im breiten Nachen sitzt der Eglifischer und hantiert mit seinen Netzen, vor der Küste kreuzen die Landefahrzeuge der Schweizer Armee. Auf der Bieler Seite rauscht der Zug der Helvetischen Eisenbahnen vorbei, Vögel zwitschern, die Kuhglocken läuten, aus dem

Schilf schreit eine aufgescheuchte Schwarzfußente. Herr Stämpfli fährt im Unimog zur Käserei nach Erlach, die Insel Rousseaus ist keine Insel mehr. Die Senkung des Wasserspiegels bei der Juragewässerkorrektion hat einen schmalen Damm freigegeben, Herr Stämpfli bringt Butter und Käse trockenen Fußes aus Erlach mit. Die ersten Frühlingstouristen sind auf der Insel angelangt, sie sind hungrig und durstig, Herr Stämpfli bewirtet sie im malerischen Innenhof.

Die Schlüsselblumen blühen, die Kuckucksblumen sind aufgegangen, aber die Farben wechseln. Der Weißdorn blüht rot und das Sinngrün blau, der Wanderer mit dem Rucksack auf dem Rücken geht mit langen Schritten am Haus vorbei. Er trägt Kniestrümpfe und Bundhosen und hat einen weiten Weg vor sich. Er achtet nicht auf die Plastikbecher, die auf dem Tisch stehen. Auf den Bechern ist ein Polizist zu sehen, der alle Blonden und Brünetten um sich versammelt hat. Er sagt: »Zyt isch da!«, und er sagt es auch auf französisch, er sagt: »C'est l'heure!« Ja, die Zeit ist gekommen, die Stunde hat geschlagen. Aber der Becher besitzt in- und ausländische Patente, es ist ein Schweizer Becher ohne Umweltgefährdung, »sans danger pour l'environnement«, ein Becher für Jean-Jacques Rousseau.

Unten auf der Wiese dröhnt die Sämaschine, Herr Stämpfli nutzt die Juragewässerkorrektion. Der motorisierte Sämann trägt Kopfhörer, die den Lärm der Maschine dämpfen, ein agronomischer Pilot aus einem Science-fiction-Film.

Rousseau hatte die Insel über alles geliebt: »Ich betrachte diese zwei Monate als die glücklichsten meines Lebens«, sagt er, »so glücklich war ich, daß mir dieser Aufenthalt für mein ganzes ferneres Dasein genügt hätte.« In Nidau, wo er sich aufs Trockene gesetzt fühlte, weil er jeden Tag, den er außerhalb der Insel verbringen mußte, als einen verlorenen ansah, ist auch die »M. S. Jean-Jacques Rousseau« von der Bieler Dampfschifffahrtsgesellschaft auf Dock gesetzt. Ein Arbeiter im gelben Schutzhelm spritzt den Rumpf, ein großer Feiertag steht auch dem Schiff bevor.

Am 2. Juli jährt sich der Todestag Rousseaus zum 200. Mal. Môtiers, Petersinsel, England, immerzu war er vor sich selbst und vor seinen imaginären Feinden geflohen. Am Ende seines Lebens kam er nach Ermenonville, einem kleinen Dorf in der Nähe von Senlis im Valois, auf Einladung des Grafen von Girardin. Der Graf hatte einen Park im Stile der »Neuen Heloise« anlegen lassen, mit Steinbänken und arkadischer Wiese, mit Grotten und Kaskaden, mit einem Tempel der Philosophie und einer Pappelinsel. Rousseau war zum einsamen Spaziergänger geworden, hier lebte er noch sechs Wochen.

Für die Pappelinsel, auf der sein Grabmal steht, für die Bank, auf der Marie Antoinette saß und das Grab betrachtete, für die Grotte der Najaden und für den Tempel der Weisen wirbt heute der Touring Club de France. Er wirbt mit Prospekten und Plakaten, denn hinter dem Park breitet sich sein Campingplatz aus. Die Linie der Wohnwagen und der Superzelte zieht sich über dem Wasser hin, Tulpen blühen in Kunststoffrabatten, aufgeblasene Multiples sind auf das Grün gestreckt. Da liegen sie, auf diesem falschen Grün der Luftmatratzen, in langer Reihe, in ihren bunten Puppenstuben zwischen Blech und Plastik, da liegen die Findelkinder des ganzen Jahrhunderts.

Zwischen Klippen und Sprachklippen

Unnütze Gedanken eines Reisenden in die Bretagne

Pierre Loti, Romancier aus Paimpol, schreibt in seinem Roman »Islandfischer«: »Die dichte Wolkendecke, die den Himmel verhüllte, zerriß, und rosige Strahlen silbernen Lichtes fielen herab wie Morgenschein in die ehrwürdige Nacht eines Domes«. Du stehst hier, an der Nordspitze der Bretagne, auch du siehst den Himmel, die Wolken und die Sonne, aber keine Erinnerung stellt sich ein an »rosige Strahlen silbernen Lichtes« und an »die ehrwürdige Nacht eines Domes.«

Im Prospekt des Comissariat Général au Tourisme heißt es: »Seltsame Landschaft, in der das Meer, die Felsen mit ihren zarten Farbnuancen, der Sand und die eigenartig skulptierten Steinblöcke eine Traumlandschaft bilden. In Ploumanac'h erheben sich in geradezu wundertätiger Ausgeglichenheit die gewaltigen rosa Felsmassen, zu Kugeln oder zu sonstigen seltsamen Formen zugeschnitten: der Hase, die Silhouette des heiligen Yves, der Hut Napoleons.«

Die Metaphern sind in die Reiseprospekte gekommen, die Bilder sind zu Mythen des Guide Bleu geworden, der Poet sieht sich verkauft und verraten. Wie soll man diese Landschaft sehen? Paimpol ist nicht mehr der Auslaufhafen für die Großfischerei des Kabeljaus vor Island und Neufundland. Die alten Schoner sind längst verrottet, die Fischerkneipen starren vor bunten Nylonnetzen, die Hotelplakette hängt am neuverfugten Zyklopengestein. Strand und Klippe, Mole und Leuchtturm sind keine Vokabeln mehr, aus denen Pierre Loti hundert Jahre später seine poetischen Bilder für Inlandbewohner hätte machen können. Was ist verloren? Was ist gewonnen? Was ist aus Bild und Vergleich geworden?

Die Zeit der Metaphern ist vorbei, und jedes Wort ist so gemeint, wie es gesagt ist. Die Bilder sind alle in ihr Gegenteil verkehrt, und die Vergleiche stehen auf dem Kopf. Der Schweißgeruch einer parfümierten Dame ist nichts als der Duft des Ligusters, und der Dichter muß sich hüten, die prächtigen Hortensien, die immer aussehen, als seien sie längst abgeblüht, als Vergleich für ihre üppige Schönheit zu verwenden. Farnkraut wächst für die Kosmetikindustrie, und der Tang gedeiht nicht mehr, Poseidons Dreizack zu begrünen.

Mit einem Male zeigt sich, daß dieser gleiche Strand und diese gleiche Klippe, daß Mole und Leuchtturm längst auch anders gesehen waren. Du denkst an Louis Marchands »Lehrbuch der französischen Sprache« aus den vierziger Jahren, und du reist mit der darin vorgestellten Familie Dupont nach Paimpol. Was hat sich geändert? Es ist die Wechselbeziehung zwischen Wirklichkeit und Darstellung, die sich aus der metaphorischen Verklärung gelöst hat. Louis Marchands Hafen und Kirche von Paimpol, seine Ausfahrt der Fischer und seine Spazierwege sind die gleichen wie die Pierre Lotis, aber ihre Vermittlung ist anders geworden.

Nicht »rosige Strahlen silbernen Lichtes«, nicht »die ehrwürdige Nacht eines Domes«, nicht gefühlvolles Erstaunen und nicht fromme Ergriffenheit also, sondern einfaches Benennen kennzeichnen die Dinge. Louis Marchands Fischer Yann ist der Yann Pierre Lotis, und die Witwe, die die Fluten verflucht, in denen Mann und Sohn umgekommen sind, ist die alte, irre Yvonne Pierre Lotis, beide aber frei von frommen Bindungen, und für einen Augenblick scheint diese laizistische Aufgeklärtheit auch die poetische Verfinsterung aufzuhellen. Marchand nennt die Dinge beim Namen, die Sonne nennt er Sonne, die Nacht nennt er Nacht. Der Baum heißt Baum, der Turm heißt Turm, und es sieht so aus, als ob diese didaktische Vermittlung auch den Blick auf die Dinge schärfe.

»Ich frage dich, beobachtet der als Subjekt Experimentierende ein Ding oder zwei Dinge? (sage nicht, daß er ein Ding zweifach beobachtet, nämlich von innen und von außen; denn das beseitigt nicht die Schwierigkeit). Ich kann sagen ›in meinem Gesichtsfeld sehe ich das Bild des Baumes rechts von dem Bild des Turmes‹ oder ›sehe das Bild des Baumes in der Mitte des Gesichtsfeldes‹. Und nun möchten wir fragen: und wo siehst du das Gesichtsfeld?«

Hier auf einmal, bei diesen Sätzen Wittgensteins, fällt auch ein neuer Blick auf die Felsen von Ploumanac'h. Es ist der Blick des Malers Magritte. Er malt Adler und Blitz, als seien sie Bilder versteinerter Bilder von Adler und Blitz, er malt das Bild übereinandergeschichteter Steine, die das Wort REVE bilden, und er nennt das Bild »Die Kunst der Konversation«. Hier stellt sich nicht die Frage, die der Reiseprospekt aufwirft, wer wohl also diese Steinblöcke so eigenartig skulptiert, wer diese seltsamen Formen so zugeschnitten habe, hier ist nicht von »wundertätiger Ausgeglichenheit« die Rede, Magritte hat keine Metaphern parat, er zeigt auch nicht das Bild, als sei es die Wirklichkeit, sondern das Bild im Bild, und seine Kunst des Gesprächs dreht sich um das Sehen der Dinge und ihr Benennen, ein unterbrochener Zusammenhang.

Bei Pierre Loti mischt sich noch poetisch der Pfeifenqualm mit dem Dunst trocknender Kleider in einem Raum, der sich an dem einen Ende zuspitzt wie das Innere einer großen ausgeweideten Möwe; Louis Marchand zeichnet die Umrisse einer Pfeife und schreibt daneben: »Die Pfeife.« Magritte malt das Bild einer Pfeife und schreibt darunter: »Das ist keine Pfeife.« Das Bild heißt »Der Sprachgebrauch« und zeigt, wie sogar der »jämmerliche Notbehelf« des Malens für Magritte ausreicht, die Nichtübereinstimmung von Wirklichkeit und Darstellung vorzuführen.

Also, wie soll man diese Landschaft sehen? Sage nicht, du sähst sie unbefangen, mit dem naiven Blick des Naturfreunds, frei von den poetischen Vorurteilen Pierre Lotis, frei von den philosophischen Widersprüchen Magrittes, etwa wie Louis Marchand, der vorgibt, der Widerschein der roten Abendwolken im Meer sei der Widerschein der roten Abendwolken im Meer, und das sei sehr schön. Aber ist es der Widerschein, oder ist es die Darstellung eines Widerscheins, oder ist es nicht vielmehr durch die Darstellung eines Widerscheins dieser Widerschein der roten Abendwolken im Meer, was das Bild dieser Landschaft prägt?

Hier blüht der Liguster und die Hortensie, hier gedeiht Farnkraut und Tang. Eine Dame, üppig und leicht schwitzend, steht am Postkartenstand. Sie duftet nach Fougère und betrachtet Poseidon mit dem Dreizack. Was hat das alles miteinander zu tun? Unnütze Gedanken eines Reisenden in der Bretagne, der sich weigert, eine Klippe für eine Klippe und schön für schön zu halten!

Straßen Baudelaires

Eine Betrachtung zu seinem 100. Todestag

Die Straßenlaterne, die von der Avenue Victor Hugo ein geometrisch begrenztes Licht in die Rue du Dôme wirft, erleuchtet nur schwach die Treppe quer zur Straße vor dem Haus des Dr. Dumas, in dem Baudelaire starb, gelähmt, sprachlos, den Leib voller Opium und Belladonna. Das Licht der Laterne ist turmalinfahl, ist nichts als Steinglanz oder Mond, dieses baudelairesche Emblem der Frigidität. Paris, seine Straßen und Plätze, seine Mauern und Quais waren Baudelaires Thema, und ein Leben lang kalkulierte er in Versen und Prosatexten, »ob eine so gewaltige Masse aus Steinen, Marmor, Statuen und Mauern, die sich gegenseitig stoßen, von dieser Menge Gehirn, Menschenfleisch und zerstoßenen Gebeins wohl sehr beschmutzt sein« werde. So führt Baudelaires Weg von dieser letzten Straße zurück in Gaslicht und Dunst der Kamine, durch Frauenduft und Asphaltgeruch in diesen »Haufen grobbehauener Kapitelle und Säulenschäfte, diese großen grüngefleckten Blöcke« der Boulevards.

Ein Sommerabend zeigt das Eckhaus an der Rue de Castiglione in cremigem Gelb und rosigem Topas, und die Parfümerien und Bijouterien im Erdgeschoß gegenüber den geometrischen Rabatten der Tuilerien sind Vokabeln aus Baudelaires Sonetten wie die scharf beschnittenen Kastanienbäume und das in Nylon gehüllte Spalierobst am Nordeingang des Jardin du Luxembourg, wo seine Steinbüste gegenüber dem Eingang zum Lycée Montaigne steht. Sie stellt einen jungen Mann mit schmalem Mund vor, mit langen Haaren und einer Lavallière; aber kein Zug ist sichtbar gemacht, der den Spott auf das regellose Gewächs verrät.

Die Stadt und ihre Straßen sind seine Wälder, seine Bäume,

seine Wiesen, und wenn es wirkliche Wiesen wären, so möchte er sie rotgefärbt und die Bäume blau. Der Mensch, der durch diese »Wälder von Symbolen« geht, ist »der kunterbunte Auswurf im Räderlärm der Omnibusse«. Baudelaires Straßen sind die aufgetürmten Steinmassen der Häuser ohne Gewächs. Es gibt keine Blumenkästen mit Geranien, keine Gärten mit Phlox, keine Höfe mit Palmenkübeln und Gras. Das Hotel am Quai Voltaire hat die Wasser der Seine vor sich, und das Haus in der Rue de la Femme-sans-Tête ist ohne das gehirnlose Grün des Gedeihens. Die trockenen Pflaster der Place Saint-André-des-Arts setzen sich fort in den wasserlosen Rinnsteinen der Rue de Seine, wo nichts als »Geheimnisse in die engen Kanäle des mächtigen Kolosses« sickern. Wenn es Wasser wäre, so hätte er es ungebändigt nicht ertragen, nur »gefangen im Halseisen«, in den rechtwinkligen Mauern eines Quais.

Baudelaire, dessen Dichtung sich um diesen einzigen Punkt der mathematischen Präzision dreht, hat diese Straßen gelobt und verdammt, dieses »Barackenlager« und diesen Haufen aus Häusern mit Schornsteinen und Türmen, »diese Masten der Stadt«. Sie sind ihm Säulenhallen und gewundene Falten in den »Fleurs du Mal«, und in »Le Spleen de Paris« sind sie die Ahnung nach Lissabon, »der Stadt, die dicht am Wasser liegt; man sagt, sie wäre aus Marmor erbaut, und den Menschen dort wäre alles Gewächs so verhaßt, daß sie alle Bäume ausreißen«. Und wenn er sagt: »Das wäre ein Land nach deinem Geschmack, ein Land, aus Licht und Stein gemacht, und das Wasser, um sie zu spiegeln«, so ist es die Erinnerung an die »kalten Quais der Seine« zwischen dem Boulevard de Bourdon und der Ile de la Grande Jatte, die Seurat im Sonnenflimmer gemalt hat. Hier am Randbezirk von Ternes und Neuilly hat er als Kind in einem kleinen weißen Gartenhaus gewohnt, aber die Pomona war aus Gips und die Venus marmorkalt im Garten an der Rue du Débarcadère.

Für Aufbau und Verfall, für »die Unverwundbarkeit der eisernen Maschinen« und die Gebrechlichkeit der »Blinden« und der »sieben Greise« ließ er die Blume aus Worten erblühn, die kein Gewächs, sondern ein Fabrikat ist. Das präziseste Bild seiner Stadt ist eine geträumte, eine künstliche Landschaft aus Wasser, Marmor und Metall, ein kubischer Steinhaufen mit Treppen, Arkaden und kristallenen Vorhängen, die Bäume sind Säulen, die Wasserflächen Spiegel, alles ist hell aus sich selbst, es gibt keine Sonne, kein Licht von irgendeinem Gestirn.

Ganz in der Nähe, dort wo der Boulevard Saint-Germain seine Literatur präsentiert, liegt Baudelaires erste Straße, die Rue Hautefeuille. Baufällige Fassaden, Gerüste, Läden und Vordächer, Toreinfahrten mit Mülleimern und Schutt, der »elektrische Körper einer Katze« im Hinterhof, dann giebellose Häuserfronten, Architrav-Ornamente, Dekorationen aus Stuck, und in der Auslage bei Hachette die Gedichte Gautiers, diese Emailstücke und Gemmen aus Worten.

Schon bei Gautier, »dem unfehlbaren Dichter«, dem Baudelaire seine »Fleurs du Mal« widmet, schwellen die Domkuppeln nach den Harmoniegesetzen eines Tonsatzes an, ist eine Landschaft ohne Blatt, das sich bewegt, gibt es nur die intermittierende Linie des Blitzes und den geraden Faden der Straße. Als Baudelaire von Desnoyer um einen Text über Fontainebleau und seine Wälder gebeten wurde, schrieb er: »Sie bitten mich um Verse über die Natur, über das Gehölz und die großen Eichen, das Grün und die Insekten und über die Sonne wahrscheinlich? Aber Sie wissen doch, daß ich unfähig bin, über Gewächse in Stimmung zu geraten.« Die großen Wälder erschrecken ihn, »wie Kathedralen«, und wenn er von der Sonne spricht, so weckt sie auf den Feldern Verse auf wie Rosen. Die Pflanze ist sein Vorwand für die Kurvenbewegung des Worts, sie ist die schamlose Vokabel einer Krankheit. Noch bei Queneau bildet sie das Leichentuch aus Chlorophyll. Sie ist dort, wo sie wächst und gedeiht, mit allem Wachsenden und Gedeihenden »La Fleur du Mal«, oder sie ist verdorrt, »in Städten ohne Nacht« wie das Laub an der Friedhofsmauer von Montparnasse, von dem Mallarmé sagt, daß es sich zu nichts mehr hinneige als zu dem Marmor des Grabsteins von Baudelaire.

DE

Auch hier ist die Pflanze gekappt und überwältigt. In den steinernen Gräberfeldern figuriert sie in einer »Grammatik der Ornamente«. Aber das ist der Titel eines Buches von Owen Jones, einem englischen Mathematiker, erschienen 1856, im selben Jahr, in dem Baudelaire seinem Verleger Poulet-Malassis die »Fleurs du Mal« übergab. Es hat mit Baudelaire nichts gemein als die Betonung des präzisen, des machbar gewordenen mathematischen Kunstwerks. Aus geplanten Straßenzügen und betonierten Quais, aus orientalischen Gärten und Pariser Alleen, aus der Korrespondenz des roten Ziegels mit dem weißen Bruchstein folgt eine Poetik. Baudelaire sagt: »Ich hasse die Bewegung, die die Linien verschiebt.«

»Bald so und bald anders«

J. J. Chr. von Grimmelshausen im Renchtal

Es ist ein letzter warmer Sonntag im Oktober. Wir fahren bei Straßburg über den Rhein. Der Nebel ist gefallen, das ganze Land ist fein gezeichnet bis an den Horizont, über der badischen Weinstraße schwingen sich die Hügel des Schwarzwalds aus, die Berge dahinter wölben sich grün über die Rebgärten, alles Land ist hell und nah. Es ist Mittag, nun flirrt die Luft und es dampft das Wiesenland nicht mehr, und so scheint es, als betrachte sich jedes Ding und jedes Wesen in einem ungetrübten Landschaftsspiegel: der Herbst mit seinem Widerschein des Lichts als eine Gedichtstrophe aus dem vorigen Jahrhundert.

Aber schon in Willstädt, ein paar Kilometer hinter Kehl, da kann sich der willige Zeitgenosse gut und gerne vom visionären Geist des 17. Jahrhunderts anwehen lassen. Eben ist die Kirche ausgegangen, im »Adler« sitzen die Bürger beim Frühschoppen, die »Moscherosch-Stube« nebenan weckt das Gedächtnis des Dichters und späteren Amtmanns von Finstingen, und die »Wunderlichen und wahrhafftigen Gesichte Philanders von Sittewald« sind kein optimistischer Realismus mit guter Aussicht und schöner Zukunft. Das Wirkliche und Wahrhaftige sind die Träume, »in welchen aller Welt Wesen, aller Menschen Händel, in ihren natürlichen Farben der Eitelkeit, Gewaltheuchelei und Torheit bekleidet, öffentlich auf die Schau gestellt als in ihrem Spiegel dargestellt« sind.

Die Landschaft ist klar, aber der Spiegel ist trüb, niemand sieht die Welt als den Schein an, der sie ist, und so ist auch das ganze Land ringsum nicht von Moscheroschs, des Barockdichters kühnen Vorbedeutungen verdunkelt, sondern licht und durchsichtig und nicht mit besonderen Zeichen versehen. Nur die Straße nach Oberkirch ist halbseitig gesperrt, sie hat eine eigentümliche Führung angenommen: kerzengerade und gewunden zugleich. Wir halten den Wagen an, Brigitte beugt sich aus dem Fenster, ein badischer Bauer steht am Weg, er streckt den Finger aus und sagt: »Noi, des isch bald andersch.« Da prangt eine deutsche Mundart, vielleicht sind wir gefoppt und gehen fehl. Wir gehören keiner besonderen Sprachgesellschaft an und fahren treuherzig nach Nußdorf hinein.

Quirin Moscherosch, der Bruder des größeren Johann Michael, Pfarrer in der Nähe von Straßburg, schreibt im Januar 1673 in einem Brief: »Es hatt der beruffene Simplicissimus, sonsten mein Nachbar, u. nur ein geringer Dorfschultes, aber ein Dauß Eß, u. homo Satyricus in folio, bey H. Felßeckern vor weynachten ein Tractätlein trucken lassen, deßen Titel des Teutschen Michels Sprachgepräng, nach art des Mahlers Farben gemäng, darinnen er die teutsche SprachHelden recht Satyrisch anzäpfet; möchte wol wünschen, wann Ihm einer nur mit 1 paar bögen, das Maul stopfte, wanns mein Amt zuliesse, wolte ichs nicht underlassen.«

Der »Dauß Eß«, der nichtswürdige Mensch, dieser »Simplicissimus« und »homo Satyricus«, das ist Hans Jakob Christoffel von Grimmelshausen, am Ende seines Lebens Bürgermeister von Renchen im Renchtal, der sprachmächtige Erzähler des 30jährigen Krieges, der den Erzähler fortwährend in den Erzählten und den Erzählten in den Erzähler verwandelt, dessen Erlebens- und Erzählensspuren hier am Rande des Schwarzwaldes verlaufen. Und der Erzählte, das ist Simplicius Simplicissimus, der unheldische Held, der es vom unbekannten Bauernburschen auf abenteuerliche Weise zum unbekannten Einsiedler gebracht hat, ein touristisches Leben.

Die Sonntagsausflügler quälen sich in der letzten Oktoberwärme bergauf zur Schauenburg. In Oberkirch sind sie von der Hauptstraße abgebogen und steigen den steilen Asphaltweg zur Ruine empor. Sie tragen bunte Halstücher und Umhängetaschen, in denen es rappelt wie in vollen Klingelbeuteln. Über dem Weinhang steht die Ruine. Ein paar Stufen treppab, unterhalb der Tannen, wächst der Wein; es ist eine kleine saure

Traube, die hier gedeiht. In regelmäßigen Abständen hallen Kanonenschüsse über den Wald, dann vollführen die beiden Bussarde, die dort kreisen, erschreckte Volten und Wenden und fallen geschickt zwischen die Tannen.

Es wird mit Kanonen gegen Spatzen geschossen, aber die Schüsse tönen nicht aus den Schießscharten, und aus den Pechnasen tropfen nur Fanta- und Coca Cola-Reste auf die Hüte der Ausflügler. Die Bussarde wagen sich wieder aus den Tannenwipfeln hervor, sie nehmen erneut ihre Runden auf, aber dann kracht es wieder, und die buntgekleideten Menschen auf der Terrasse der Bergschenke weisen mit ihren Fingern auf die Vögel. Die vollen Klingelbeutel liegen auf den Holztischen, die Kellner gehen mit Biergläsern und Weinkrügen hin und her, es könnte eine mittelalterliche Szene sein, wenn nicht der Parkplatz wäre und der Sonntagsmüll mit seinen Flaschenhaufen und Papierbergen.

Hier auf der Schauenburg residiert vor 330 Jahren Freiherr Hans Reinhard von Schauenburg, Kaiserlicher Oberst und Festungskommandant von Offenburg, und Hans Jakob Christoffel von Grimmelshausen ist sein Verwalter. Grimmelshausen ist in Gelnhausen an der Kinzig geboren, wahrscheinlich 1622; er stammt aus einer alten Handwerkerfamilie, besucht die Lateinschule und ist kein bäurischer Dummkopf wie sein Simplicius, obgleich er selbst sagt: »Man weiß ja wohl, daß er selbst nichts studirt, gelernt noch erfahren: sondern sobald er kaum das ABC begriffen hat, in Krieg kommen, im zehenjährigen Alter ein rotziger Musquetirer worden, und allwo in demselben liederlichen Leben ohne gute disciplin und Unterweisungen wie ein anderer grober Schlingel, unwissender Esel, Ignorant und Idioth, Bernheuterisch auffgewachsen ist.«

1634 plündern die Kroaten Gelnhausen, Grimmelshausen, zwölfjährig, flieht in die Festung Hanau; Simplicius, seine spätere Romanfigur, sieht mit an, was die fremden Reiter tun: »Den Knecht legten sie gebunden auf die Erd, stecketen ihm ein Sperrholz ins Maul und schütteten ihm einen Melkkübel voll garstig Mistlachenwasser in Leib: das nenneten sie ein Schwedischen Trunk, wordurch sie ihn zwungen, eine Partei anderwärts zu führen, allda sie Menschen und Viehe hinwegnahmen und in unsern Hof brachten, unter welchen mein Knan, mein Meuder, und unser Ursele auch waren. Da fieng man erst an, die Stein von den Pistolen, und hingegen an deren Statt der Bauren Daumen aufzuschrauben, und die arme Schelmen so zu foltern, als wann man hätt Hexen brennen wollen.«

Es ist Krieg, erst die Hälfte einer 30jährigen Schrecknis ist vergangen, aber schon ist ganz Deutschland ein Aschenhaufen. Grimmelshausen gerät in die Hände der Kroaten des Obersten Corpus und wird ins Stift nach Hersfeld geschleppt. »V. Calendras Martii Anno 1635 wurde ich in Knabenweiß von den Hessen gefangen und nach Cassel geführt«, schreibt er im »Ewigwährenden Kalender«. Simplicius, von einem Einsiedler aufgenommen, lernt Lesen und Schreiben und erhält, wegen seiner Einfalt, diesen einprägsamen Namen. »Komm Trost der Nacht, o Nachtigall!« ruft der Einsiedler, Simplicius wird aus einer »Bestia« zu einem Christenmenschen. Dann ist er Page beim Gouverneur Ramsey in Hanau, wird in ein Kalb verwandelt und muß den Narren spielen:

»Das tät ich darum, damit ich diejenige auch genug narrete, die mich zum Narren zu haben vermeinten: Und machte diesen festen Schluß, daß der grundgütige Gott einem jeden Menschen in seinem Stand, zu welchem er ihn berufen, so viel Witz gebe und verleihe, als er zu seiner Selbsterhaltung vonnöten, auch daß sich dannenhero, Doktor hin oder Doktor her, viel vergeblich einbilden, sie seien allein witzig und Hans in allen Gassen.«

Grimmelshausen, der spätere Erzähler, und Simplicius, der spätere Erzählte, erleben die Schlacht bei Wittstock, sie verwandeln sich in den »Jäger von Soest«, schließlich, im Winter 1638, ziehen sie als Leibdragoner des Grafen Hans von Götz zum Entsatz der Festung Breisach in die »Schwabenheit«: »Daselbst wurde damalen im Mühlbach ein Platteißlein gefangen, welches derorten for ein ungewöhnliches Wunderwerk gehalten und dannenhero von den Fischern besagtem Obristen verehret worden ist, der es auch verspeiset. Aber ein noch sehr junger Musquetirer, von Geburt ein Gelnhäuser, macht diese Auslegung drüber: Es würde, sagte er, die Stadt Offenburg, so lang der Obriste lebte und darin commandirte, nicht eingenommen werden.« So dient Grimmelshausen ein Jahr später bei diesem Obristen im Regiment zu Fuß, es ist der Freiherr von Schauenburg, und es ist Oktober, vielleicht ein letzter warmer Oktobersonntag.

Die Schauenburg ist zur Ruine geworden, heute steigen allsonntäglich ganze Scharen von Wochenendtouristen bergauf, aber aus den Trümmern lassen sich keine Historien rekonstruieren. Die Innenwände sind niedergerissen, Palas und Höfe liegen offen da. Nur der Eingang zur Kapelle ist frisch gemauert, ein Gitter schützt das Spitzbogentor, obgleich die Wendeltreppe dahinter unvermittelt in den Himmel führt. Der Brunnen ist zugeworfen, der Abstieg zur Hölle ist verstopft.

Am Burgweg wächst das seltene Schöllkraut. Der Eichelhäher ist unzufrieden, er leidet die touristische Geschäftigkeit nicht, er schimpft, aber er weiß nicht, daß die Milch des Schöllkrauts seine Galle besänftigen könnte. Eine Dame in Silberschuhen steigt über die hölzerne Brücke und geht den Asphaltweg ins Tal hinab, sie rafft den langen Rock, als käme sie von einem fürstlichen Ball.

Grimmelshausen, seit 1645 Schreiber in der Regimentskanzlei des Obersten, liest und studiert. Der Schauenburgische Regiementssekretarius Johannes Witsch, ein Magister der Freien Künste, schlägt ihm die »Piazza Universale« des Thomas Garzonius auf, »Allgemeiner Schawplatz« zu deutsch; Grimmelshausen verwandelt Garzonius in Zonagrius, und unter dem Anagramm versteckt, diskurriert der eifrige Enzyklopäd über astrologische Themata.

1648, im letzten Kriegsjahr, ist Grimmelshausen Kanzleisekretär des bayrischen Obersten Freiherrn von Elter, einem Schwager Schauenburgs; er zieht mit ihm nach Bayern und hält sich in Wasserburg am Inn auf. Er liest den »Lazarillo von

Tormes« und den »Gusman von Alfarache«, er verschlingt Cervantes und Sorel, er wandelt sein eigenes abenteuerliches Leben in das unheldische Treiben der Landstörtzer und Schelme, der Gauner und Grobiane um. Aegidius Albertinus, der Bibliothekar des Kurfürsten Maximilian, hat die Schriften Antonio de Guevaras, des Hofpredigers Karls V., aus dem Spanischen übersetzt. Grimmelshausen spielt sie dem gelehrsamen Simplicius zu, und dieser, erfüllt von iberischer Vanitas, ruft laut aus:

»Adjeu Welt, dann bei dir ist nichts Beständiges; die hohen Türn werden vom Blitz erschlagen, die Mühlen vom Wasser weggeführet, das Holz wird von den Würmen, das Korn von Mäusen, die Früchten von Raupen, und die Kleider von Schaben gefressen, das Viehe verdirbt vor Alter, und der arme Mensch vor Krankheit: Der eine hat den Grind, der ander den Krebs, der dritte den Wolf, der vierte die Franzosen, der fünfte das Podagram, der sechste die Gicht, der siebende die Wassersucht, der achte den Stein, der neunte das Gries, der zehende die Lungensucht, der eilfte das Fieber, der zwölfte den Aussatz, der dreizehende das Hinfallen, und der vierzehende die Torheit! In dir o Welt, tut nicht einer was der ander tut.«

»Das ist bald anders«, sagte der badische Bauer zu Brigitte, ein simplicianisches Wort. So ist auch Grimmelshausen im Jahre 1649 wieder in Offenburg, er heiratet Catharina Henninger, die 22jährige Tochter eines Zaberner Wachtmeisters, und konvertiert zum katholischen Glauben. Er sitzt unten in Gaisbach als Schaffner des Schauenburgischen Gemeinbesitzes, er lebt in ehrenvoller Versorgung, treibt Pferdehandel und baut Wein an. Er betrachtet die Welt und ihre Dinge, nebeneinander bestehen die Urkunde und das Erlebnis, die Dichtung und die Wahrheit. Grimmelshausen schreibt seine picarischen Romane, der Erzähler greift ins Leben und der Lebende greift in die Erzählung ein, damit das Leben und die Erzählung sich runden vor lauter Sinn: »Günstiger Leser, ich erzähle diese Geschicht nicht darum, damit Er viel darüber lachen solle, sondern damit meine Histori ganz seie.«

Während er unten in Gaisbach sitzt, sitzt Simplicius hoch oben im Schwarzwald, geborgen in seiner Einsiedelei. Er blickt über Berge hinweg, er schaut in Täler hinein, und in der Ferne, vor der blauen Kontur der Vogesen, erscheint die weite Ebene, wo »die Statt Straßburg mit ihrem hohen Münster-Thurm gleichsam wie das Hertz, mitten mit einem Leib beschlossen, hervor pranget«.

Wir steigen hinter der Schauenburg über Gräben und Steinhaufen um die Mauer herum; auf dieser Seite gibt es keinen Eingang zur Burg, auf der anderen taucht wieder die Weinterrasse auf, und Brigitte sieht auf den Tischen Krüge und Gläser glänzen. Aufwärts durch den Wald führt ein Pfad zum Denkmal der ehemaligen 132er, der Efeuteppich über dem Stein gibt eine Aufschrift frei: »Angesichts des Elsaß und des ehemaligen Standortes Straßburg« heißt es da, aber das klingt gar nicht nach einem Leben und einem Roman in lauter »Continuationen« wie bei Grimmelshausen, nicht nach »Courasche« und nicht nach »Springinsfeld«. Das Denkmal ist vom Kgl. preuss. I. Unterelsäss. Inf. Regt. 132 errichtet, die Königskrone ziert das Regimentssignet, aber die feudale Herrschaft und die militärische Macht hatten keine Fortsetzung mehr.

Unten in Gaisbach sitzt Grimmelshausen, der Krieg ist zu Ende, er kauft sich das Grundstück »Spitalbühne« und baut sich zwei Häuser. Er zieht Gefälle und Abgaben der Bauern ein, er plaudert mit Fuhrmännern und Rebleuten, er führt gerichtliche und administrative Verhandlungen, er pachtet ein herrschaftliches Schaffneihaus und richtet die Weinwirtschaft »Zum silbernen Stern« ein. Aber sein Brotherr mißtraut ihm, ungerechtfertigterweise, und er verliert sein Amt. Zweiseitig ist die Welt, aber das Linke kommt rechts und das Rechte kommt links zu liegen, so unbeständig ist sie: »Bald groß, bald klein, bald reich, bald arm, bald hoch, bald nieder, bald lustig, bald traurig, bald bös, bald gut und in Summa bald so bald anders.«

Der Baldanders ist sein ständiger Begleiter, ist Anfang und Ende, ist Herzbruder, der Gute, und ist Olivier, der Böse, er ist der brave Einsiedel in seiner Klause und ist der Beau Altman im Venusberg von Paris, ist Kriegsgreuel und Soldatenhumor. Grimmelshausen ist nicht wie Simplicius nach Wien und nach Rom, nach Moskau und sogar nach einer Insel im Ozean gereist; von 1662 an ist er für vier Jahre Vogt auf der Ullenburg, dem Sommersitz des Straßburger Modearztes Johannes Küffer, einem angesehenen und reichen Herrn, der der »Aufrichtigen Tannengesellschaft« nahesteht, dem Dichterkreis, dem auch Moscherosch angehört.

Zur Ullenburg geht es über Tiergarten, wir fahren mitten in die Weinberge hinein. Die Kirche ist eingeschalt, um die Gerüste herum blühen Malven und Dahlien, ganze Bauerngärten voller Rosen. »An der Kirche vorbei bis der Teer aufhört«, sagen die Burschen in Jeans-Anzügen, dann kommt nur noch ein Rebhügel, eine Kuppe wie ein behaarter Badenser Bauernkopf. Netze sind wie Spinnweben über den Wein gezogen, Stanniolpapier flimmert in den Stöcken, Ulmhardt und Kummer heißen die Gewanne, Tanzberg und Klingelberg die Lagen. Durch einen Kastanienhain führt ein Kreuzweg zur lieben Frau von Fatima, am Boden wachsen Tintlinge und kriechen kleine graue Schnekken. Wenn man ganz still im Weinberg sitzt, dann rasseln die fallenden Blätter wie leichtes Metall. Die Mauerreste am Seitenhang der Kuppe erinnern nicht mehr an die Burg, die einmal hier gestanden hat.

Im Frühjahr 1665 kehrt Grimmelshausen als Wirt in sein Gasthaus nach Gaisbach zurück. Der »Silberne Stern« liegt neben der Kirche am Fuße des Burgbergs. Das Haus ist zweistöckig, eine Treppe führt zum Eingang hinauf. Vor den Fenstern blühen Begonien und Geranien, unter den schräg rot-weiß gestreiften Läden ist die Karte ausgehängt. Die garnierte Platte heißt »Kranz um den Silbernen Stern« nach Art des Hauses für zwei Personen. Aber es gibt auch Sauerbraten mit Spätzle, Schwarzwälder Bauernschinken mit Brot, Hausmauer mit Röstkartoffeln, dazu: Gaisbacher Müller-Thurgau »Springinsfeld«, Gaisbacher Klingelberger »Simplicissimus«, Gaisbacher Ruländer »Simplex«, Gaisbacher Weißherbst »Simplicius« und Spätburgunder »Grimmelshausenblut«. Eine hohe Buche steht neben dem Haus, über einen kleinen Steg treten wir in einen Fichtenhain. Die sieben Zacken des Sterns glänzen in der Nachmittagssonne, womöglich erleuchten sie des Nachts die ganze Simplicissimusstraße.

1667 wird Grimmelshausen Bischöflich Straßburgischer Schultheiß in Renchen, 1668 erscheint »Der Abentheurliche Simplicissimus Teutsch«. Die Lebensbeschreibung des Melchior Sternfels von Fuchshaim durch den German Schleifheim von Sulsfort ist am Ende ein Werk des Samuel Greifnson vom Hirschfeld, in dem sich H.I.C.V.G. verbirgt, Hans Jakob Christoffel von Grimmelshausen, der »seinen Namen durch Versetzung der Buchstaben verändert« hat, P. zu Cernheim, datiert »den 22. Aprilis Anno 1668« zu Rheinnec: also ist er der Praetor zu Renchen, das in Cernheim und Rheinnec versteckt ist. Noch verbirgt der Dichter sich in Anagrammen, aber sein verrätselter Name löst sich auf und enttarnt sich im »Beschluß« und »bezeugt sich auch selbst in diesem Buch auf den ›Keuschen Joseph‹, den er gemacht, und in seinem ›Satyrischen Pilger‹ auf diesen seinen ›Simplicissimum‹, welchen er in seiner Jugend zum Teil geschrieben, als er noch ein Musquetirer gewesen«.

Im Restaurant »Zum Bären« in Renchen gibt es eine »Grimmelshausen-Stube«. Ein Reiter jagt in gestrecktem Galopp über die Hausfront, er trägt die rote Fahne, die Feder am Hut, mit Bart und wildem Blick eilt er dahin in die Schlacht. Ein Buntglasfenster zeigt den seltsamen Springinsfeld mit der Fiedel, sein Gesicht ist gelb, sein Hut ist schwarz und ganz verwegen geformt. Am Stammtisch sitzt eine Frau bei einem winzigkleinen Mann, einem Gnomen, der eben aus dem »Simplicius« getreten ist.

Im Brunnen neben der Linde steht das Denkmal. Vier Quellfontänen sprudeln, vielleicht ist es das Wasser der Sylphiden aus dem Mummelsee, das hier hervortritt. Der bronzene Dichter trägt Pumphosen und kurze Stiefel, der Gürtel ist lässig über den Umhang geschnallt. Grimmelshausen hält die Papierrolle und den kurzen Degen in der Linken, mit der Rechten zieht er den Hut, an dem die Feder steckt. Es ist ein junger Mann aus dem 20. Jahrhundert mit Bart und langem Haar.

»Giacomo Manzù, Rom«, sagt die Plakette auf dem Umhangrücken, Franz Burda hat den Brunnen 1977 gestiftet: »Das Wasser rinnt, die Zeit verfleugt, / Bedenk, o Mensch, der Wahn betreugt.« Ein Bursche mit den gleichen schmalen Augen wie die bronzene Figur steigt mit seiner Freundin vom Motorrad und sagt: »Das ist Manzù, der in Rom die Bronzetüren gemacht hat.« Der Obelisk, auf Grimmelshausens Ruhestätte neben der frisch verputzten Kirche, ist 1879 errichtet, er sieht aus wie ein Kriegerdenkmal von Anno 70 mit preußischem oder badischem Eichenkranz und Palmenzweig aus Stein, gleichviel.

Grimmelshausen ist noch einmal dem Blasen der Kriegstrompete gefolgt, ein Jahr vor seinem Tod. Beim Einfall der Franzosen 1675 gibt der kaiserliche Oberbefehlshaber von Straßburg Befehl an die Bewohner der Gegend, sich »zu gewöhr zu stellen«. Grimmelshausen, als Landsturmmann, ist mit dabei. Am 17. August 1676 stirbt er, 54 Jahre alt. »Honestus et magno ingenio et eruditione«, schreibt der Pfarrer von Renchen in das Kirchenbuch, ja, hochangesehen, geistreich und gelehrt.

Der Oktobersonntag geht zu Ende, das Renchtal zeigt noch einmal seine Früchte her, Äpfel und Kürbisse, Mais und Beeren, an den abgeernteten Bäumen stehen noch die Leitern, die Früchte sind in die Brennereien gewandert, wo sie allesamt zu Mirabellengeist, zu Kirschwasser, zu Obstwässerli gepreßt und gebrannt werden. Wir fahren durch Lautenbach und Oppenau und steigen über Allerheiligen zum Mummelsee empor. Lautenbach, das ist der Sauerbrunnen, an dem Simplicius von den Sagen hört, die die Leute vom Mummelsee erzählen, und der Mummelsee, das ist der »wunderbarliche See«, in den Simplicius mit den Sylphen an den Erdmittelpunkt fährt.

Paracelsus ist gegenwärtig, der Arzt und Philosoph aus dem frühen 16. Jahrhundert. Er hat die chemische Biologie der Neurosen entdeckt, und in seinen kosmologischen Systemen tummeln sich die Quellgeister und Seejungfrauen. Sie mümmeln sich im Wasser und hypnotisieren ganze verschreckte Generationen, so daß sie halb hinabgezogen werden und halb hinabsinken, je nach dem Grad ihrer Verschrecktheit. Der See ist immer noch düster wie eh und je, auch wenn heute dort ein Berghotel steht, in dem viele geschäftige Gäste ein- und ausgehen. Es ist Sonntag, heute gibt es alle Schwarzwälder Spezialitäten, durchgehend warme Schwarzwälder Küche und frische Schwarzwälder Kirschtorte. Am Kiosk steht ein Vater mit einem Fotoapparat, er sucht verzweifelt einen lichtempfindlichen Film, denn aus dem Wald treten Wanderinnen in Stolas, mit Bundhosen und karierten Hüten bekleidet, es sind seine weiblichen Verwandten, und der Vater hätte sie gerne in diesem sylphidischen Halbdunkel fotografiert.

Ein Spazierweg führt zwischen Fichten rund um den See, aus den Tretbooten lehnen sich Kinder in handgestrickten Sommerpullovern und schleifen ihre Taschentücher ungestraft durch das finstere Wasser. Simplicius beschaut den See aus lauter »Fürwitz«, denn im Sauerbrunnen wird das Merkwürdigste von ihm erzählt: »Einer sagte, wenn man ungerad, es seien gleich Erbsen, Steinlein oder etwas anders, in ein Nastüchlein binde und hineinhenke, so verändere es sich in gerad; also auch, wenn man gerad hineinhenke, so finde man ungerad.«

O diese Seemänner und Wasserfrauen! Paracelsus hat ein »Liber de nymphis, Sylphis, pygmaeis et salamandris et de caeteris spiritibus« entworfen, es würde nicht verwundern, wenn jetzt, an diesem Oktobersonntag und in diesem abendlichen Augenblick, eine Nymphe aus dem Wasser und auf einen Stein hüpfen würde, mit einem Taschentuch eines dieser Kinder in der Hand, oder wenn gar das Fabeltier vorne von dem Titelblatt des »Simplicius« aus den Fluten hervorkäme, halb Mann und halb Weib, halb Bock und halb Esel, halb Kuh und halb Schwan, mit den Flügeln des Adlers und dem Schwanz des Delphins, »in Summa bald so bald anders«, ein verkapptes Wesen wie Grimmelshausen selbst.

Aber man braucht sich nicht erst an den Mummelsee zu verlaufen, um an der Sprache zu merken, daß »es ein schwäbische Nation sein müßte, die man zwar, aber vergeblich, vor einfältig schätzet«. Die ersten Reisebusse fahren ab, auch wir setzen uns in Bewegung, der Mummelsee mit seinem Heidelbeerwald bleibt auch hinter der ersten Kurve noch ein verzaubertes Wasser aus den verflossenen Jahrhunderten. Am Kopfende des Sees sind die Felsen in besonnte Höhen aufgetürmt, im Oktober ist der Schwarzwald gelb und braun und rot, aber, wie gesagt, »des isch bald andersch«.

Pariser Limericks

Die Rue de l'Hôtel de Ville
ist selten am Tage still.
   Doch manches Paar
   in der Cité des Arts
macht nächtens auch, was es will.

Die Rue Cardinal Lemoine
– es liegt, man weiß nicht, woran –
   ist schön, ungelogen
   ein Bilderbogen.
Nun ja, man tut, was man kann.

Die Brücken über die Seine
sehn Hunde, Katzen und Kähne.
   Und unter der Schleuse
   gibts Ratten und Mäuse,
das einzige, was fehlt, sind die Schwäne.

Am Boulevard Edgar Quinet
zeigt Georges sein Renommee:
   nach vorn Hyazinthen
   und Sartre nach hinten.
So lebt nur die Hautevolee.

September 1972

Paris, denk mal!

Paris ist ein Denkmal. In Paris leben viele Millionen lebendige Menschen, und dennoch ist diese Stadt ein Denkmal. Paris ist ein lebendiges Denkmal, aber die Bewegungen von Bronze und Stein sind die Tanzschritte des 18. Jahrhunderts oder die Gesten der Belle Epoque. Viele Millionen Menschen leben und arbeiten, essen und fahren Auto, es gibt Industriearbeiter und Intellektuelle, Anstreicher und Maler, Schreiber und Schriftsteller, und Paris ist ein lebendiges akademisches Denkmal. Hier lebten Zadkine und Brancusi, Antoine Pevsner und Naum Gabo, aber Hemingway sah an der place St. Sulpice die Tauben auf den Statuen der Bischöfe hocken, und Henry Miller picknickte im jardin du Luxembourg auf einer Steinbank »gegenüber den Standbildern der Königinnen von Frankreich und Navarra«. Viele kamen und blieben eine Zeitlang, taten etwas, die Stadt war für sie »ein Fest fürs Leben«, aber auch die Bischöfe und die Königinnen sind geblieben, und Paris ist ein lebendiges akademisches denkwürdiges Denkmal.

Ein grauer Januarhimmel liegt über der Cité L'Universitaire, aber ganz vergoldet steht Weltbürger Thomas Paine gegenüber der Fondation des Etats-Unis, die Linke in der Hosentasche, die Rechte winkend erhoben, und so jovial und absichtslos grüßt er die Studenten, die sich in Schweigen und lange Mäntel hüllen. Etwas höher am boulevard Jourdan zeigt José de San Martin, Liberdator de Argentinia, Chile y Peru, über das Dach des kanadischen Studentenheims in die freien Wälder James Fennimore Coopers. Ein Hauch von Shenectady und Fort Stanwix weht in die republikanische Verschwisterung, Pfauenfeder und Kokarde, aber auch die Funkenmariechen der amerikanischen Umzüge sind gegenwärtig, und vielleicht deshalb springt die adrette Polizistin an der place de Rungis wie eine Tänzerin auf die Kreuzung. Ihre Umhängetasche schlägt an ihre Lende, und ihr weißes Kopftuch über der Mütze fliegt im freien Wind der republikanischen Wissenschaft.

Der Straßenstern rue de la Liberté, rue de l'Egalité, rue de la Fraternité ist weit weg, auf der place de Rhin-et-Danube trägt Marianne ihre Ähren unter dem Arm, auf der place de la République steht sie anstelle der Guillotine und hält den Lorbeerzweig hoch, und auf der place de la Bastille erhebt sie sich geflügelt auf der Kollonade und balanciert geschickt die Trinität von Freiheit, Gleichheit und Brüderlichkeit aus. Beaumarchais, mit Stock und Perücke, steht am Ende der rue St. Antoine, er hat Clavigo gezüchtigt und den Figaro verheiratet und blickt jetzt vergnügt auf die Einkaufsgeschäftigkeit des Marais.

Auch auf der place de Joinville ist Markt neben der église St. Jacques-et-St. Christophe, aus der impasse de Maroc, aus der rue de Kabyle, vom quai de la Sambre eilen die Exoten herbei, aber Jakobus und Christopherus stehen auf der anderen Seite der Kirche, sie haben sich dem square Bitche zugekehrt und schauen nicht einmal zum nahen canal de l'Ourcq, obgleich sie doch beide so viel vom Wasser verstehen. Die Franziskanerkirche an der Ecke rue du Père Corentin und rue Marie-Rose ist ein Schlachthaus im Backsteinbau, wo täglich Leib und Blut zu Brot und Wein verwurstelt werden. François Villon vor der école Polytechnique ist der Franziskus, der Skulpteur hat ihm die Mönchskutte gegossen, und François hält sich die Leber. Jeanne d'Arc, ganz vergoldet, schwingt ihre Fahne über die place des Pyramides, aber Coligny ist bis heute nicht hinter seinem Gitter hervorgekommen. Über Jacques Borels »Grillades« an der place du Théâtre-Français leidet die Jungfrau seit 1929 unter ihrem Helm in der Hauswand, aber niemand kümmert sich darum, außer der Taube, die ihr die geschlossenen Augen salbt.

An der place Pierre-Sémard hat sich eine Gruppe kichernder Midinetten gebildet, spätimpressionistisch strecken sie ihren cul-de-Paris nach hinten, fassen sich bei den Taillen und schauen auf die Kinder, die in den Sandkästen spielen. Die Gruppe ist der heiligen Katharina gewidmet, aber auch sie schützt die Arbeiterinnen nicht vor der Irrationalität des Mehrwerts. Auf der Seine-Seite des Hôtel de Ville reckt Etienne Marcel, der Vorsteher der Pariser Kaufmannschaft von 1357, noch immer sein Schwert gegen den Dauphin. Nebel verschleiert den pont Alexandre III, er ist das Denkmal aus Arts und Commerce, aus Gloire und Agriculture. Die Putten tanzen, die goldenen Flügelrosse sprengen nach den vier Winden, und die strammen Pferdehoden hängen wie glänzende Weihnachtskugeln zwischen den Beinen. Ein Engel reckt die Lorbeeren und schaut hinüber zur anderen Seite, wo sein Zwilling wie eh und je die verblasene Symbolik hinausposaunt. Und so wälzen sich auch zu Füßen des Seefahrers Françis Garnier am carrefour boulevard Montparnasse und avenue de l'Observatoire Indochina, Mekong und der Rote Fluß als lächelnde Nixen zwischen Krododilen und Seegewürm.

Exotische Erinnerungen werden geweckt und Gedanken erstickt. Paris denkt nicht in seinen Denkmälern, es vergißt, was ist, die Taube im Hemdausschnitt Ludwigs XIII. auf der place des Vosges gurrt für Richelieus gute Ratschläge, und so bleibt es das ewige Wenn und Aber. Sein wechselvollstes Standbild, also sein Inbegriff, ist der Eiffelturm. Einst »Tempel der Wissenschaft«, dann Ausbund des Kitschs, ist er heute In- und Abbild eines strukturellen Denkens. Roland Barthes nennt ihn »die Idee eines leeren Monuments«. Aber er steht da, schlank von fern, massig von nah, »in ihm gibt es nichts zu sehen. Und doch hat dieses leere Monument in jedem Jahr doppelt so viele Besucher wie das Louvre-Museum«. Ein Wechselspiel von Leere und Fülle, von Wenn und Aber ereignet sich täglich, was ist zu ändern?

Auf der place Henri Mondor unterhalb des carrefour de l'Odéon steht Danton bei Hunden und Trommeln, und dieser populäre Kreuzweg der Education weckt das Gedächtnis für die revolutionäre Notwendigkeit. Danton sagt, nach dem Brot täte die Erziehung not, er kehrt den gigantischen Kinos den Rücken und zeigt mit ausgestrecktem Finger nach der Medizinischen

Fakultät und den Hohen Schulen der rue St. Jacques. Aber die Filmmärchen in seinem Rücken geschehen für ein Volk, das er vergeblich zur Kühnheit ermuntert. Sie heißen »Diamanten der Ewigkeit« und »Es war einmal ein Flic«, und nach dem petit-Parisien darf jeder Sean Connery und Eddy Constantin sein.

Michel Ney aus Saarlouis, Herzog von Elchingen, Fürst von der Moskwa, Marschall von Frankreich, steht an der place Camille-Jullian. Er hat den Säbel gezückt und den Mund weit aufgerissen, und man möchte ihm so gerne glauben. Aber nur Hemingway hatte Geschmack für so viel Mannhaftigkeit, und abends auf dem Nachhauseweg von Gertrude Stein ging er Schritt für Schritt auch der Frage nach, wer wen wohl eine verlorene Generation nennt. »Während ich mich der Closerie des Lilas näherte, mit dem Licht auf meinem alten Freund, der Statue des Marschalls Ney mit seinem gezogenen Säbel und dem Schatten der Bäume auf der Bronze, und er allein dastand und niemand hinter ihm – und was für ein Fiasko er aus Waterloo gemacht hatte, da dachte ich, daß alle Generationen durch irgend etwas verloren waren und immer gewesen waren und immer sein würden, und ich machte in der Closerie halt, um der Statue Gesellschaft zu leisten, und trank ein kaltes Bier, ehe ich nach Hause in die Wohnung über der Sägmühle ging.«

Über dem geschmiedeten Toreingang der rue Raynouard 51 ringen zwei dickleibige Nackte miteinander, vielleicht sind es Balzac und der Gerichtsvollzieher. Daneben im Garten liegt Balzacs Haus, aus dessen Hintertür er vor den eilenden Boten der Justiz in die rue Berton entwich. Paris, dieses Monstrum, sagte er, und er floh vor den Gläubigern ins feinere 8. Arrondissement. An der place Georges Guillaumin sitzt er auf einer Bank aus Stein, ein Bein über das andere geschlagen, die Hände vor den Knien gekreuzt, milde und besinnlich, von weiten, bequemen Kleidern umschlungen, und »unter ihrer Verhüllung regt sich das ganze menschliche Herz«, sagt er von Don Quijote und Gil Blas, von Onkel Toby und Ivanhoe. Rodins Balzac an der carrefour Vavin ist wild und irr. Da steht er, aufgelöst, mit massigem Hals, fettleibig, und wirft sich ins Kreuz. Ungehalten schaut er zum café du Dôme hinauf, wo die letzten Fauvisten sitzen, zum Eingang der rue Delambre, wo Henry Millers Verleger wohnte. Edward Titus verlor Millers Romanmanuskript, aber kein Stein erinnert daran, keine Tafel weckt das Gedächtnis, es gibt nur die spätklassizistischen Steinköpfe über den Fenstern des hôtel des Ecoles und das goldene Roßhaupt über der Pferdemetzgerei. Fallada, da du hangest!

Henry Miller, »ein vorsokratisches Wesen, eine Kreatur, halb Bock, halb Titan«, wohnte an der nächsten Ecke im hôtel Central, rue du Maine. Aber im dreieckigen square Gaston Baty gibt es keinen Gaston Baty, und vor dem café de la Liberté an der Kreuzung boulevard Edgar Quinet und rue de la Gaité, wo Miller »Moravagine« von Blaise Cendrars zu lesen begann, stehen nur die grünen Wasserkaryatiden mit den Architraven auf ihren Kopfkapitellen. Hundert davon hat der englische Philanthrop Wallace der Stadt geschenkt, und sommers fließt Wasser über die Rücken dieser Grazien und labt Touristen und Straßenarbeiter.

Auf der rue de Rivoli promenieren Studenten aus Oxford, ihr Schritt greift nach den Treppen des Châtelet, ihr Auge ruht sanft auf den Sandsteinlöwen an der tour St. Jacques. Aber die Löwen sitzen da und sind Kröten, ein Eisen steckt in ihrem Kopf, sie sind mürb und marode, vielleicht sind die Eisen die Reste der Froschkönigskrone, vielleicht die Fangeisen von Froschschenkeljägern. Ein Neger geht vorbei und erinnert sich an tropische Ochsenfrösche. Die vier Löwen an der Rückseite des Hôtel de Ville dagegen sind stolz und trotzig, der Regen tropft von der Bronze und hat nichts an ihrem Hochmut vermocht. Zwei davon tragen die Schwanzquasten auf ihren Hinterpfoten, die beiden anderen haben sie neben sich auf den Sockel gelegt, Clemenceau selbst steht auf einem Sockel vor dem Petit Palais, François Cogné hat ihm Wandertracht angelegt. Mit Stock und Hut und fliegendem Halstuch trotzt er dem Wetter, und selbst in den soliden Absatznägeln seiner Schuhe ist zu erkennen, wie weit er noch gehen wollte. Er greift nach den Elysischen Feldern aus, dahinter in der rue du faubourg St. Honoré liegt der Präsidentenpalast.

Aus »Roger & Gallet« tritt plötzlich ein lebendiges Denkmal im Nerzmantel, entweder Roger oder Gallet persönlich. Sein Haar ist grau, aber lang und gelockt, und der Geruch nach Sandelholz irritiert den Polizisten, der sich zwischen einem Chinesenpärchen fotografieren läßt. Auch er wird zum Denkmal für den schönen Tourismus, nur waren die Chinesen keine blauen Ameisen aus Sinkiang, sie hielten eine Tragtasche von Léonard in der Hand, und der Polizist wird das Denkmal der Bedenkenlosen bleiben.

Die »Stehstellen« an den »Denkstellen« mahnen die Jünger der Wissenschaft. Unvergehbare Monumente monieren die zeitweise Abkehr, und vor den Instituten ächzt es von Erz und Erinnern. Gegenüber der Sorbonne sitzt Montaigne am Square Paul Painlevé, er lächelt über die mechanischen Gesetze, er weiß um die »art de vivre« und achtet seiner Blasensteine nicht. Das hat Claude Bernard auf die Treppe des Collège de France gerufen, da steht er, kühn und gelehrt, auch er weiß, um was es im Leben geht. Es ist die Funktion der Leber und die Rolle der Pankreasdrüse. François Raspail auf seinem Sockel an der place Denfert-Rochereau ruft: »Gebt mir ein Bläschen, beseelt mit Lebenskraft, und ich werde euch die organisierte Welt dafür geben!« Aber er hat den Arzthut unterm Arm, mit Hut und Stock steht er auf den Trümmern der Barrikaden von 1848. In die Mauer der école Polytechnique sind die alten Doktoren mit Halskrause und langen Gewändern eingelassen, Doktor Jean Aurry trägt sein Barett, Doktor Viole eine Schreibtafel in der Hand, aber ihre Köpfe, die so viel Menschlichkeit im Sinn hatten, sind abgeschlagen. Alfred Vulpian sitzt vor der Treppe am Ende der rue Antoine Dubois, zwei Finger der Rechten für immer am Kinn, aber die Linken haben ihm die rote Fahne unter die Weste geschoben. Nur Genoveva, die große Schutzpatronin, steht unversehrt an dem pont de la Tournelle. Paul Landowski hat ihr eine Krankenschwesterntracht gemeißelt, und so steht sie da und kehrt der Stadt den Rücken. Vielleicht ist der Knabe an ihrer Hand das Söhnchen Schmerzensreich aus dem Ardenner Wald. Sie schauen beide nach der Salpêtrière, wo die alten Irren nach den steinernen Wohltätern starren.

Mitten auf der place Monge steht der Sockel für Louis Blanc, im Haus an der Ecke wohnt Claude Simon. Aber der Dichter kann den Unterstützer der Arbeiterproduktionsgenossenschaft von 1848 nicht sehen, der Sockel ist leer. Louis Blanc liegt irgendwo an der Straße nach Flandern, in Bronzeschrapnells atomisiert, Mantelsplitter und Kragenfetzen stecken in Kuhweiden und Kartoffeläckern, ein Bauer der Pikardie wirft sie mit dem Pflug zur Seite, vielleicht ein Muschik der Ukraine, vielleicht der Feldarbeiter einer landwirtschaftlichen Produktionsgenossenschaft im Westelbischen. Aber auch Voltaire vor der école Polytechnique darf sein spitzes Kinn nicht mehr zeigen, auch Etienne Dolet, der unbeirrte Drucker und Philosoph, ist von seinem Sockel auf der place Maubert herabgestiegen, und nicht, weil er schon vor einem halben Jahrtausend hier verbrannt worden war. Er ist zum zweiten Male durchs Feuer gegangen, die Bronze war nicht dauerhafter als sein eigen Fleisch. Was ist aus Baryé geworden, der im square Henri IV. am pont de Sully über seinen Löwen und Jaguaren saß? Was ist aus dem chevalier de la Barre im square Nadar geworden, dessen Kopf schon einmal fiel, weil er eine Prozession auf Montmartre nicht grüßte?

Der heilige Denis nahm seinen Kopf unter den Arm, als er ihn in der rue de la Fontaine-du-But verlor, und er lief noch sechstausend Schritte. Heute, ein halbes Jahrtausend später, steht er im Hauptportal der Notre Dame, immer noch mit dem Kopf in der Hand, und wendet sich Charlemagne zu. Karl, im zweigeteilten Bart, sitzt hoch zu Roß und stößt das Zepter nach dem Palais de Justice, wo seine späten Nachfolger der Krone in den Gewölben saßen. Noch steht dort Marie Antoinettes roter Sessel, aber sie selbst windet sich als Wachsfigur im Musée Grévin. Dort tritt die Königin Margot dem chevalier de la Molle mit Mut und Maske entgegen, dort sitzen Anne-Marie Proell und Colette Besson bei Guy Perillat und Eddy Merckx »en haute montagne«, dort steht Picasso hinter Françoise Sagan und Georges Simenon, alle in Wachs und zu weichen Denkmälern erstarrt, aber man fragt sich, was Picasso bei der Aufführung des Balletts »Gisèle« in der Opéra sucht.

Sein Appollinaire hinter der église Saint-Germain-des-Prés ist der pausbackige Hauslehrer, der bei Henri Rousseau zwischen exotischen Pflanzen steht und sich von seiner Muse Marie inspirieren läßt. Apollinaire schrieb: »Unterm Pont Mirabeau fließt die Seine, ... unter dem Brückenbogen unserer Arme zieht die müde Welle hin.« »Wir kauften Herzen bei den Blumenmädchen, sie waren blau und blühten auf im Wasser«, schrieb Paul Celan, und er sprang vom Pont Mirabeau an den Gallionsfiguren mit den goldenen Fackeln vorbei zu den chemikalisierten Fischen, »wir waren tot und konnten atmen«.

Vor dem Invalidendom hat Prinz Eugen zwischen geometrischen Bosketten und alten Kanonenrohren Stellung bezogen. In bildhauerischer Genauigkeit, bis in die Bronzelocken, bis in die Kragenspitzen, grüßt er die Panzer mit dem Lothringerkreuz. Aber der Schrott läßt nur an die Mühsal sinnloser Transporte denken, die Kriegsbeute ging etliche Male hin und zurück, lauter schwere Dinge, unbrauchbar und zu nichts nütze. Auf einem Mörserrohr des Trierer Erzbischofs vom Ehrenbreitstein ist zu lesen: »Der Greif heiß ich / meinem genedigen Herrn von Drir din ich / wo er mich heist gewalden / do will ich dorn und maurn spalten«, und man denkt an Tristram Shandys Onkel Tobys Leistenverletzung, die ihn im schweren Artilleriedienst der Klarsicht und der Mannbarkeit beraubte.

In der eglise-Saint-Louis-des-Invalides hängen die erbeuteten Fahnen, zerschlissen und stockfleckig, textile Denkmäler der gloire, der türkische Halbmond der Bays von Konstantinopel, der Pfau des Schahs, die Elefanten der indischen Mogule und das Hakenkreuz der Leibstandarte. Aber auch die gigantische Trikolore hängt in ungewaschenen Falten zu beiden Seiten des

Altars, mit schmutzigem Lorbeer dekoriert. Napoleons Totenwagen, von allen pompösen Couverturen entkleidet, ist nur noch ein klappriges Fahrgestell, und die Ziegelsteine und Hartlaubgewächse aus seinem Haus in Sankt Helena sind verrottete Objekte eines vergeblichen Erinnerns. Der braune Marmorsarkophag im Dôme-des-Invalides ist für hundert Napoleone gemeißelt, Landowskis Marschall Foch liegt auf dem Rücken metallener Poilus, und nur der Grünspan überall hält das Gedächtnis an die Gebrechlichkeit der Invaliden wach.

Doch wer nicht im Stein zerfällt, vermodert unter ihm in diesen hundert Friedhöfen. Nur die Gräberkapellen überdauern die Muskulatur, auf Père Lachaise, auf Montparnasse oder in Boulogne zwischen der rue de l'Ouest und der rue de l'Est. »Auf der anderen Seite liegen aufgeschlagene Bücher aus Stein, deren unbeschriebene Seiten man nicht umblättern kann. Irgendwo sitzt ein nackter Mann – aus Stein –, der vor Kummer gebeugt das Gesicht in den Händen verbirgt. Eine steinerne Dame, in steinerne Gewänder gehüllt, deutet stumm auf das Grab zu ihren Füßen«, schreibt Jan Voss, und er müht sich ab, die steinernen Buchseiten umzuschlagen, weil er nachsehen möchte, ob es nicht doch hinter dem petrifizierten Gedächtnis Wörter gibt, die er in Bilder verwandeln könnte. Auf den beschriebenen Papieren stehen Tintenfässer, die Wolken sind an die Holzdecke geschraubt, alles ist festgemacht, aber Jan Voss steigt aus dem gemalten Trapez und schwingt sich ins Freie.

Dort weiden schon Samuel Buris Kühe vor dem Grand Palais. Buntbemalt stehen sie herum und irritieren den Stadtverkehr. Auf einer Kuh ist zu lesen: »Also sprach Zarathustra, und damals weilte er in der Stadt, welche genannt wird: die bunte Kuh«. Aber die Denkmalschützer haben dazugeschrieben: »Messieurs, Sie zerstören Paris!« und: »Wenn es Gott gäbe, würde er das alles vernichten!« Bald werden die Verwalter der Galéries Nationales die Tiere wieder in die helvetischen Hürden zurücktreiben, ihr plötzliches Auftauchen an den Champs-Elysees wird nur ein Spuk gewesen sein.

Schwer drückt der Stein, und die Bronze ist eine Last. Während Magritte im Grand Palais Mauern und Träume sprengt, räkeln sich die Aphroditen auf marmornen Becken und ringen die Engel auf Sockeln und Säulen in gefrorener Pose. Die geflügelten Löwen mit Frauenköpfen vor dem Portal des Centre d'Art in der rue Berryer nähren ihren Geschmack nach Bellmers phantastischer Sexualität und nach der nekrophagen Eat-Art Spoerris, und die ägyptischen Sphinxe auf der Mauer des Hôtel Nicolai schauen dem Maler im square Henri-Galli auf die verzweifelte Leinwand. Allein die Tauben scheißen auf die historischen Figuren, nur als Taube widersteht man dem Stein.

Die Taube kennt die Oberfläche, die Falte, die Haut, diesen »ganzen Olymp des Scheins«, sie hat Nietzsche begriffen, aber sie würde auch auf Plastik und auf Sackleinen sitzen, wenn Christo käme und die ganze Stadt verpacken würde. Unter der drückenden Masse des Steins, unter der schweren Last der Bronze fällt die Stadt in Schlaf und in tiefe Gedankenlosigkeit. Massig und lästig droht die Materie, die die Gehirne preßt. Die Taube fliegt auf, aber die Statuen verharren in immerwährender Bewegungslosigkeit an ihrer »Stehstelle«. Samuel Buris Kühe gehen unter die Leute, auf einem blauen Plakat von »Olympic« heißt es: In Griechenland gehen die Statuen an den Strand, in Paris jedoch zieren sie die ewigen Sockel. Ein Schritt vom sicheren Piedestal, und sie stolperten ins Unglück, das sie in Schutt und Asche verwandelt.

Im Schaufenster einer Pédicure Médicale in der rue François Miron stehen vier Füße aus Gips, ein Knickfuß, ein Senkfuß, ein Spreizfuß und ein Knick-Senk-Spreizfuß, kleine Denkmäler für falsches Gehen. »Zu gehen ist eine ununterbrochene Folge von Denkvorgängen«, sagt Thomas Bernhard, »die wir oft lange Zeit nebeneinander entwickelt und dann plötzlich an irgendeiner, einer Stehstelle oder einer Denkstelle, aber meistens an einer bestimmten Steh- und Denkstelle zusammengeführt haben.« Also, Paris, denk mal!

Die Stute von Hérivaux
ist immer munter und froh.
   Doch diesseits der Mauer
   die frohen Beschauer
sind auch nicht schlecht für den Zoo.

Das herrliche Haus in Dangu,
der Garten zur Nacht, in der Früh:
   wer kann das vergessen,
   das Trinken, das Essen,
vor allem das Bohnen-Menü?

September 1972

Es gibt Reisen in andere Länder

(Es gibt Reisen in andere Länder, und wenn man hinkommt, dann ist man gar nicht weggefahren. Warum reist der Mensch eigentlich? Der eine sagt, er reise, um seinen äußeren, der andere sagt, er reise, um seinen inneren Horizont zu erweitern. Oh, das sind tiefe Begründungen! Der eine reist, um vielen anderen, der andere reist, um sich selbst zu begegnen. Ja, aber wen hat man am Ende angetroffen? »Voyage autour de ma chambre« heißen die Betrachtungen des Xavier de Maistre, aber vielleicht muß man noch nicht einmal um sein Zimmer reisen, um zu sich selbst zu kommen. Hanno, unsere Freundin, fragt, ob man nicht schon vom Bett aus, im Liegen, sich selbst und die Welt erkunden könne?

Ich habe mit Brigitte in Paris und in Berlin gewohnt, an der Ile Saint-Louis als Gast der Cité Internationale des Arts und am Wannsee als Gast des Berliner Senats. Heute wohne ich wieder in Sulzbach, wo ich geboren wurde, wo ich zur Schule ging, wo ich gefreit habe und wo ich hinreisen kann, wenn immer ein Vogel auf einem Zweig sitzt und mich mit seinem Singen tiefer und tiefer in den Wald und in die Ferne lockt.

Wir sind nach Frankreich und nach Spanien, wir sind über den Rhein und über die Alpen gereist, aber am schönsten ist eine lothringische Landpartie. Wir reisen zu Arlette an die alte Schleuse oder ins Bärenthal an den Fuß der Arnsburg; wir sitzen in Lorentzen vor dem bäuerlichen Schloß, das Balthasar Stengel für Wilhelm Heinrich von Nassau-Saarbrücken gebaut hat, wir sitzen auf der alten Bank und singen Rokokolieder aus dem Liederbuch der Fürstin Sophie, die ich aus dem Französischen übersetzt habe. Wir singen: »Warum bin ich nicht die Meise ..., warum bin ich nicht die Laute ..., warum bin ich nicht die Spindel?« Wir singen: »Warum kann ich nicht vom Truge in die Wahrheit übergehn?« und wissen gar nicht, daß es gerade die vielen Verwandlungen sind, die uns zu uns selbst kommen lassen, und wissen gar nicht, daß wir durch alle diese Verwandlungen hindurch längst schon zu uns selbst heimgekehrt sind, nix wie hemm.)

Straßen zwischen den Strömen

Eine Skizze über Lyon

Von weitem erwartet, doch bescheiden und ohne Lärm mit ruhiger, sanfter Strömung tritt »la Saône« in das Weichbild der Stadt ein, schmiegt sich zwischen die Hügel, kommt als Weib in die Stadt gegangen: leicht beladen und weichen Schritts. »Le Rhône« bricht überraschend in das Tal ein, rauscht, schäumt, schreit, stößt am Hang an, ändert seinen Lauf, ist der wilde, unerwünschte Mann aus den Bergen – (Welch ein Irrtum der deutschen Seele, ihn – weiblich – »die« Rhône zu nennen).

Das ganze Leben Lyons schlägt in diesen Schläfen: die breite Straße, mitten zwischen den Strömen, ist der Scheitel der Stadt. Hier treffen sich die Geschlechter, und das Geschlechtliche ist hier frei von seinem Makel. Man geht durch diese Straße und läßt sich von Licht umfangen. Alles ist hell: die Fliesen des Place des Terreaux mit seinen tausend weißen Tauben, die gelben Fronten der Kaufhäuser, der Sand auf Bellecour und die pastellhellen Kleider der Frauen. Doch alle Straßen, die sich zur Saône neigen, feuchte, schmale Gassen, sind weiblichen Wesens. Mühelos zählt man hundert Herrenhäuser, dicht aneinandergedrängt, graue Gebäude, tags und nächtens von bleichen, kränklichen Leuten belagert. Hier feiert das Leben sein weibliches Fest, öffnet sich und schließt sich ab in fortwährendem Gleichmaß. Dagegen sind die Rhôneviertel männlich geartet: harte, geteerte Straßen, kahle Fronten, hinter denen das Denken geübt wird: Lycée Ampère, Präfektur, Universität. Doch der Strom endet nicht, ewig das Dasein seiner Straßen zu ändern.

Jenseits der Ströme beginnt das zweite Leben Lyons. Auch hier gaben die Flüsse ihren Vierteln eigenes Leben. Auf der Saôneseite stirbt schon jahrhundertelang das Handwerk dahin. Küfer, Schmiede, Schuster, eingeschlossen zwischen Felsen und

Fluß, angehäuft in dumpfen Gassen, die steil zum Ufer hinabsteigen; zusammengedrängt in schwarzen Stuben, hämmern ihre Sehnsüchte und Seligkeiten nach Landschaft, Vogel und Blume in ihr mühsames Tagwerk ein. Sie hielten sich schadlos. An Stelle der Natur, die ihnen fehlt, gaben sie sich Gott. Doch es ist hier ein seltsamer Wunderglaube, grobe Wollüste werden geboren und der Ekel wird bald kommen. Das abgeschiedene, seßhafte Leben des Handwerks treibt diese Gärung der Seele. Ebenso beherrscht die Rhône ihre angrenzenden Stadtflächen, Häusermeere von dreißigfacher Größe der Saôneviertel. Beim Überschreiten der breiten Rhônebrücken öffnen sich die Weiten von Brotteaux und Villeurbanne, übersät von Fabriken, in denen die Seide nach französischer Art Form und Seele gewinnt. Lyon ist die Mutterstadt des französischen Seidengewerbes. Hier treibt die Neuzeit ihre schlanken Gebäude hoch, die Straßen kreuzen sich im rechten Winkel, ihr regelmäßiges Netz liegt flach ausgebreitet über der Ebene des Stroms. Nichts erinnert an die feuchten, verwirrenden Gassen der Saônehänge, aber auch nichts an ihren malerischen Reiz.

Ganz außerhalb dieser, von den Strömen geformten Straßen, abseits vom Getriebe der Stadt, nahezu unzugänglich, erhebt sich auf dem rechten Saôneufer Fourvière, der Hügel der Pilger. Was das ruhelose Gewerbe der Stadt in zahllosen Jahren an Leben gebar und mühsam weiterzeugt, bezwang hier ein halbes Jahrhundert. Ursprünglich vom Römer begehrt und begonnen, nahm der Christ die Kultstätten kampflos in seinen Dienst. In Saint Irénée ruhen die Gebeine des Heiligen, man erwartet Wunder von ihm, er ist sichtlich der Sieger, seine Bezwinger sind vergessen: das römische Theater und seine Löwen. Auf dem Monts d'Or träumen weiße Villen ihre Glückseligkeiten der Stadtferne, liegen eingeschlossen in dunklen Parkanlagen, breite Bauten mit tiefen Treppen. Val Crécy, die lieblichste von allen, reich von Blumen umgeben, blickt weit über den Strom; die Stadt ist nur noch ein fernes ununterscheidbares Gewoge. Zwischen Saint Irénée und Val Crécy thront Fourvière, die sich hoch über den Hügel hebt, viertürmig, mosaikbeladen, eine morgenländische Moschee. Der Hügel über der Saône ist das andere Gesicht Lyons, das lächelnde, das friedliche, das zeitlose. Die flüchtigen Ströme haben hier keine Gewalt, vergebens wachsen die Dächer der Stadt herauf, steinerne Kirchen hängen mit schwindelnder Treppe über dem Abgrund und stürzen die düsteren Gassen rasch wie Bergbäche in die Häuser hinab. Saint Irénée und Fourvière mißachten die Stadt, sie führen ihre vergessenen Straßen nach ihrem Plan, nachts glühen ihre Fenster in langen Reihen über den Berg, wie nach Sternbildern geordnet.

Der breite, von der Rue de la République bis fast zur Saône hinreichende Place Bellecour, links seiner ganzen Länge nach mit vielen schmiedeeisern umrahmten Blumenbeeten gesäumt, ist das erste, was an Paris erinnert. Der Eifer Lyons, seiner prächtigeren Schwester vieles gleichzutun, wird in seinen besten Zeugungen fast belohnt. Fourvière und Sacré-Coeur sind nur zwei verschiedene Formen des gleichen Wunsches: über der Stadt zu thronen. Der Jardin du Luxembourg ist abgebildet im Parc de la Tête d'Or, und selbst der Eiffelturm wurde in Lyon fast wiedererbaut, doch der Metallturm blieb nur ein Versuch. Lyon wetteifert vergebens mit Paris, sein Mensch ist ein anderer. Nasser Winter, sengender Sommer, schwerer, ewiger Nebel haben den Lyoneser spröde gemacht. Nur in seltenen Augenblicken springt er über seinen Schatten, flammt auf, brennt, nimmt teil.

Es konnte nicht die Natur sein, die hier eine Poesie gebar, aber die Liebe: junge Händlerinnen, nachdenklich im Halbdämmer ihrer Stände, schrieben Verse, traurige und schmerzvolle der Liebe. Sie schwingen zwischen den Polen Pernette Guillet, der bleichen, reizvollen Dichterin zärtlichster Zurückhaltung und Louise Labé, der schönen Seilerin, der Glühenden, Leidenschaftlichen.

In dieser Art fließen auch die Ströme durch die Stadt nebeneinander her, kaum fünfhundert Meter voneinander getrennt, doch ohne, daß einer vom andern weiß. Wie sie in die

Stadt eintraten, so treten sie aus ihr hinaus: die Saône mit ruhiger, sanfter Strömung, leicht beladen und weichen Schritts und die Rhône mächtig rauschend, der wilde, unerwünschte Mann aus den Bergen. Wer ihrer Vermählung begierig ist, sollte sie von Saint Irénée aus schauen, ähnlich dem Mond in Andersens »Bilderbuch ohne Bilder«, sollte gleichsam vom Himmel herab ihres Wunders Zeuge sein. Nach der Karte tritt die Rhône in das Becken der Saône ein, die sich fast wie eine Gerade, ohne ihren Lauf zu verändern, zwischen Châlon und das Mittelländische Meer spannt. Doch die Natur zeigt das Wunder ihrer Vermählung anders: sie, schaudernd vor den raschen Wogen, sträubt sich, zittert, gibt sich ihm schließlich doch und läßt sich von ihm, der nicht widersteht, einen Augenblick lang in ihrem stillen Meere zu baden, mitreißen ins Strömen seiner ewigen Schnelle.

Man wendet sich von Saint Irénée, das alte Fort grüßt freundlich herüber, und denkt an die schöne Sage, die man in Lyon erzählt von zwei Liebenden, die, ohne sich zu kennen, mit den Strömen gewandert kamen, sich fanden und taten wie sie. Vielleicht kommt es daher, daß heute ein seliger Hauch der Liebe über den Hügel weht, der keinen Unterschied kennt. Hier duftet jede Straße nach Frieden und jedes Haus hat Hoffnung auf ein zukünftiges Glück: das alte, graue Fort und die weiße Villa auf Val Crécy.

Lyon, Fourvière

Schwelle noch vom Regen naß.
Tür aus hartem Holz gebaut.
Saal im Dunkel, ohne Laut.
Bunte Fenster, bleich und blaß.

Marmor weiß wie Milch und kühl.
Decke ohne Glanz und Pracht.
Im Gewölbe schon die Nacht.
Schönes Mädchen im Gestühl.

Wände mosaikbesteint.
Alles dieses tief im Traum.
Fällt die Sonne in den Raum,
daß der Marmor Feuer scheint,

streift ihr gelber Sterbeblick
Fresken, Bilder, Kreuz und Tand.
Weite Halle steht in Brand:
Mädchen, Marmor, Mosaik.

1949

Die große Beleuchtung

Spazierfahrten zu den Schlössern der Loire

Diese milde Sonne, diese weiche Loire sind Schuld daran, daß die Arbeit ein Ding gegen die Natur ist in diesem lässigen Klima von Tours, schreibt der große Jules Michelet. Aber den nimmermüden Touristen in Sportkabrioletts und Reisecars beschleicht nur allmählich eine Ahnung vom rire und rien faire der höfischen Günstlinge französischer Könige längs dieses Flusses, der aus Sand und Glas gemacht ist. Der alljährliche Run geht nach den Schlössern, die als keramische Gebilde auf Rasenflächen plaziert und feilgeboten sind: die Fayence von Chenonceaux, das Porzellan von Chambord, die Terrakotta von Saumur.

Das weiche Gestein schickt seine Wärme durch die schieferige Luft, über den faulen Wassern die Gelassenheit der Schwäne und das Schweigen der Goldkäfer in den belaubten Winkeln. Aber immer noch hält sich der Tourist nicht zurück, stampft über die Rondells, schleicht durch die Gärten, streift in den Auen umher. Picknicks im Grünen, Nachtgelage unter Rebgehängen, und am Morgen blühn die bunten Koffer und Reisetaschen auf den Dachgärten der Automobile.

Vorerst noch rast er rechts des Flusses entlang, eilt vor die großen Spiegel von Blois, hinter denen Katharina von Medici ihre Intrigen spann, hetzt nach Tours und Langeais, wendet auf der Brücke von Saumur, jagt nach Chinon und Azay-le-Rideau. Dann aber nach Chenonceaux, nur für den Blick auf das Bett, auf dem Henri II. die fürstliche Gemahlin betrog. Rasch nach Amboise, Charles VII. und Agnes Sorel, einen Hauch der Amouren verspüren auf jedem Quadratmeter, auch im Gehölz. Chaumont nicht vergessen, Nostradamus und seine Retorten; aber der Teufel tanzt nicht mehr hinter dem grünen Fensterglas. Schnell nach Cheverny vor die rostigen Zweihänder im ersten

Stock, eine Nase voll Muff von den flandrischen Teppichen. Schließlich nach Chambord, erschöpft ins Gras vor dem Gewirr aus Kaminen und Kapitellen, aus Türmchen und Spitzen, aus Friesen und Kandelabern. Haben wir Rosen in Orléans gekauft? haben wir Obst in Chinon gekostet? haben wir in La Flèche an den Kapaun gedacht?

Endlich kommt der Abend mit verstopften Straßen, mit Wadenkrämpfen und Blechschäden; der letzte Streif im Westen verblaßt, die Parkplätze füllen sich, die Zimmerpreise schnellen hoch, und in den Restaurants beginnt das große Mampfen: Setzeier mit Sülze, Lerchenpastete und Fleischtopf in der Terrine. Im Glas Coulée de Serrant, Coteaux du Layon. Nach den Fluchten des Tages endlich die Geborgenheit am gedeckten Tisch, die gastronomische Stille, das verdiente Schweißbad bei Brot und Wein.

Doch haben wir einen Zipfel des Schleiers erwischt, der über Kalk und Schiefer gebreitet ist? haben wir einen Hauch der lauen Luft geatmet, die über Felder und Weinberge streicht? haben wir Witterung genommen von Rabelais' monströsen Lüsten, von Vignys stoischen Zweifeln, von DuBellays zehrendem Jammer?

Daß du nichts versäumt hast, hält die Nacht dir für alle Fälle das unwiederbringliche Erlebnis bereit. Die Dinge des Tages nun in großer Beleuchtung: Son et Lumière, die große Illusion, mit Lautsprechern und Scheinwerfern gedröhnt und gespiegelt. Aufgeblendet die heroische Vergangenheit, vernehmbar die Stimmen der Jahrhunderte: im Schwirren der Pfeile schaudern die Mütter, die Kinder staunen mit großen Augen und schmiegen sich enger an die entschlossen dreinschauenden Väter. Aber die Bühne ist leer, die Betrachter wenden die Köpfe nach dem imaginären Ursprung der Geräusche, richten die Blicke auf die beleuchteten Fassaden. O anciens siécles! Vergessen die Eile nach Blois, die Hetze nach Tours, die Jagd nach Chinon. Hier endlich tut sich der Vorhang auf zu patinierter Schönheit in großer Beleuchtung, beim kapriziösen Betrug zu 2,50 Nouveaux Francs.

Am nächsten Morgen wieder die milde Sonne, der weiche Fluß, das lässige Klima Michelets, wie es zu lesen ist. Aber die Sonne leidet an Bindehautentzündung, die Loire hält sich die Nase zu, und den Reben hängt die Zunge heraus. Haben wir Rabelais Wahrheiten unter dem Maskenkleid aufgespürt? haben wir Vignys Elfenbeinturm estimiert? haben wir DuBellays Jammer begriffen, der sich in Rom aus Heimweh verzehrte nach scinem Lande Anjou?

Joachim DuBellay
Klagen

Der ist im Glück, der wie Odysseus schöne Reise
wie jener, der im Kampf das Goldne Vlies gewonnen,
und endlich heimgekehrt, ganz weise und besonnen
des Lebens Rest verbringt in dem Verwandtenkreise.

Wann werd ich wiedersehn mein Dörfchen, wo ich leise
den Schornstein rauchen weiß? und unter welchen Sonnen
seh ich mein armes Haus, im Gärtchen eingesponnen,
das meine Heimat ist, die allezeit ich preise.

Mir sagt das Häuschen mehr, vor kleinem Horizont,
als römischer Palast mit kühngebauter Front,
als harter Marmorstein der feine Schiefer zu,

die gallische Loire als Latiens Tiberstrom,
mein winziges Liré als Palatin von Rom,
mehr als die Meeresluft die Milde von Anjou.

Übersetzt 1948

Antiquar und Spitzenhäubchen

Nachträgliche Gedanken über eine Reise in die Bretagne

Mir ging's wie Swann, der es gern gehabt hatte, daß Odette so war wie sie war, ebenso wie er eine Bretonin, die er etwa geliebt hätte, gern eine Spitzenhaube tragen sehen und ihren Glauben an Geister hätte bekennen hören. Die Spitzenhauben waren da, aber nirgends hörte ich den Glauben an Geister bekennen. In diesem schizophrenen Zustand genoß ich die Veränderungen, die zeitläufig sind und immer soviel von Welt zeigen, wie du im Augenblick meinst. Nicht die Spitzenhäubchen, sondern den Geisterglauben gibt es beim Antiquar, und nichts war für mich enttäuschender als Spitzenhäubchen zu sehen und nicht den tödlich getroffenen Korsaren, der ein afrikanisches Amulett küßt, dieweil ein katholischer Priester ihn segnet.

Wir hatten uns aufgemacht, um Chateaubriands bretonische Apfelbäume wie bräutliche Dorfsträuße blühen zu sehen, um in Michelets trister Schönheit des Heidekrauts einen Nachmittag zu verschlafen, um Stendhals Ausdruck tiefster Frömmigkeit auf allen Gesichtern zu entdecken, um im finstren Moor des Yeun Elez das Tor zur Unterwelt zu finden, um Tristans schwarzes Segel zu entdecken hinter Fels und Riff.

Aber die Apfelbäume waren abgeblüht, das Heidekraut zerstach die Zehen, der Trommelwirbel in Sankt Ronans Kirche war verklungen, die Kühe weideten im Moor, und die Fähre nach Tristans Insel schwankte unter den Touristen. Der Westwind wirkt auf Blumenkohl und Zwiebel, die Heide blüht und leuchtet fotogen, die alten Kirchen animieren Kartengrüße und niemand spricht von Tristans ungeschickter Havarie.

Wir fuhren heraus aus Rennes, die Straße stieg an zwischen Stechginster und Rispenfarn, ließ den Krüppelwald rechts hinter

Plélan-le-Grand, bog vorüber am verschilften Weiher der Herzöge von Ploermel, wand sich im Pardon der Fallsüchtigen an den mächtigen Rundtürmen von Josselin vorbei nach Baud, wo die heidnische Venus von Quinipily über spärlichen Äckern regiert und stieß unter der Porte du Bro-Erec'h von Hennebont hindurch ans Meer. Oder bilde ich mir's ein?

Was ist nicht alles schon vom Wasser gesagt worden? Dieses Meer war ein Meer, das an die zerrissenen Klippen schlug, Trommel in der Bucht der Toten, Peitsche in der Hölle von Plogoff und ein gewelltes Laken über dem Strand von TY Anquer. Es war die Metapher für Reinheit und Nüchternheit und das Symbol für Debakel und Dämonie. Es war das Rohstoffpotential der Fischkonservenindustrie und es war die raunende Muschel Julien Gracqs, es war das utopische Jagdfeld Jules Vernes und die tausend Kilometer Küstenlandschaft gesundheitsstärkenden Klimas der Reiseprospekte. Es war das fortwährende Uhrpendel touristischer Unruhe und der Geifer einheimischen Gähnens, »eine Abwandlung des Erdboden«, wie Francis Ponge sagt, und schließlich war es eine Landschaft, die aus Wörtern gemacht war, die Landschaft eines Bewußtseins, eines einzigen Bewußtseins oder eines zweiten oder eines dritten oder eines wer weiß wievielten Bewußtseins, eine Landschaft aus Wörtern, in einer einmaligen Grammatik, in einer einsamen singulären Syntax verstrickt, oder nichts als ein absurdes Mißverständnis aus Wellen, wovon Gottfried Benn geschrieben hat, daß man sie nachts auf Reisen schlagen hört und sich sagt, daß sie das immer tun.

Die Fischerboote verließen den Hafen von Douarnenez, und das Meer schlug an die Mole für zurückgebliebene Spitzenhäubchen und war der Slogan für das Aushängeschild des Antiquars.

Aber am Abend war die See geglättet und der Himmel kodachrom. Auf dem alten Markt von Locronan zwischen den granitenen Renaissancefronten nutzte der Imagier die letzte Sonne, um noch einige verspätete Profile zu silhouettieren, dieweil die Trachtengruppe auf dem Parkplatz zwischen Simcas und Peugeots ihren großen Jabadao tanzte. Wir saßen in der Postkartenkneipe und genossen den trockenen Muscadet.

Das Meer war allein, und nichts mehr animierte das gespaltene Bewußtsein. Die Sonne stand unter den Bäumen, es gab also keine Schatten mehr, und die Gedanken gingen zu Max Jacob, der in Quimper geboren ist, wo man keinen Blick in seine Manuskripte tun kann. Es gab nichts mehr für endogene Psychosen, der Mond stieg über dem Hinterland auf und ernüchterte. Die flechtengefleckten Riffe erinnerten jetzt an Arps beinernen Marmorfrüchte und nicht mehr an Tanguys Illustrationen zu Ivan Golls Mythos vom durchbrochenen Felsen.

Mir ging's wie Swann, und ich hätte gern gehabt, daß dieses Land so gewesen wäre wie es gewesen sein soll, daß es so war und doch nie so gewesen ist wie es war, weil der Mensch ein absurdes Wesen ist, der selbst nie so ist wie er ist, und seine Wörter eine Landschaft machen, die ein anderes Sein ist als das Sein, das nicht ist ohne sie.

Der Antiquar verkaufte den Geisterglauben und die Spitzenhäubchen blitzten zwischen Nylonmütze und bayrischem Jägerhut. Monsieur Pompidou marschierte im Pardon von Bénodet und das Deutsche Fernsehen sicherte sich die Pfarrbezirke und Kalvarienberge. Wir hörten Bachs Brandenburgische Konzerte in der Kathedrale von Quimper, und die Saarbrücker begrüßten die Spitzenhäubchen ihrer Schwestern aus Nantes. Das Land ist also erschlossen. Die echten bretonischen Renaissancetruhen und die falschen Nippestassen aus dem vorigen Jahrhundert stehen in Tegernsee, die falschen Renaissancetruhen und die echten Nippestassen beim Antiquar.

Heinrich Heine wollte bretonische Volkslieder sammeln. Er vernahm keinen einzigen Laut. Er kaufte sie in alten Liederbüchern beim Antiquar. Das einzige Lied, das er auf seiner Reise singen hörte, war der Jungfernkranz aus dem Freischütz. In deutscher Sprache! Und das ist hundert Jahre her.

Ein Neger geht durch die Rue Sainte-Catherine

In den Straßen Bordeaux' liegt die Sonne. Es ist die Sonne vom Senegal, die Sonne der Antillen, die Sonne von Versailles. Ein Neger geht durch die Rue Sainte-Catherine. Er geht unter der Sonne, die die Erdnußfelder Mauretaniens, unter der Sonne, die die Zuckerrohrplantagen Haitis, unter der Sonne, die die Schlösser der Ile-de-France bescheint. Sein Kraushaar taucht zwischen Baskenmützen und mondänen Frisuren auf, bewegt sich an Schaufenstern entlang, verharrt vor Lipps Chronometern, beschreibt unter dem steilen Firmenschild des Bon Marché einen rechten Winkel und verschwindet für einen Augenblick hinter der Rückfront eines Lastwagens. Die Sonne auf dem Kraushaar des Negers ist weder der Abglanz eines touristischen Exotismus noch der Reflex eines verlorenen Rauschs, nicht Widerschein afrikanischer Kaps noch Licht von karibischen Küsten; und was sie vom harten Glanz der Könige spiegelt, ist nichts als ein falsches Versprechen.

Der Neger geht mitten in der Menge. Er trägt enge, anthrazitfarbene Hosen, ein weißes Hemd mit langen Ärmeln und breite, blaue, quadratische Manschettenknöpfe. Herren in hellen Anzügen eilen an ihm vorbei, Arbeiter in Schürzenhosen, Damen in kurzen Röcken, eine alte Frau mit einer Einkaufstasche, Kinder in grauen Kitteln. Die Menschen gehen dicht nebeneinander, zu viert, zu fünft auf dem Bürgersteig beiderseits der Fahrbahn. Die Automobile fahren ohne Abstand hintereinander, sie bremsen vor den Fußgängern, die beim Überholen auf den Fahrdamm treten. Die Rue Sainte-Catherine ist Einbahnstraße, und das Licht der Sonne dringt nicht bis auf das Kopfsteinpflaster. Es fällt nur auf das Kraushaar des Negers, und der sengende Strahl dämpft die Zimt- und Zitronenträume hinter der dunklen Stirn. Die blitzenden Triglyphengesimse, die gequetschten Polster der Kapitelle, die harte Geometrie der Fassaden verdrängt den regellosen Wildwuchs der Masten und Gaffeln. Ein Neger geht durch die Rue Sainte-Catherine, etwa David Diop.

Neben den Hauseingängen blitzen die breiten Messingschilder: Importeure, Exporteure, Notare. David Diops Schritt ist leicht. Seine Blicke begegnen den Blicken der Weißen. Die weißen Blicke sind nicht mehr die Blicke Montaignes zu den humanen Kannibalen Brasiliens, nicht mehr die Blicke Montesquieus nach Smyrna und Isfahan. Aber sein Blick auf die hochbeinigen Mädchen in der Rue Sainte-Catherine, auf die schwarz-weißen Katzen neben den Mülltonnen, auf die blitzenden Messingschilder ist der Blick auf den Schutt einer erschöpften Rasse. Sein Rücken ist nicht mehr von den Knoten der Peitsche genarbt, aber seine Gedichte sind Hiebe, die keine Lende treffen. »He Boy, einen Berger, ein Handtuch, Wasser!«

Die Menge schiebt sich durch die Rue Sainte-Catherine. Hinter den Schaufenstern präsentieren sich Chic und Preis, als Massenangebot in Les Nouvelles Galéries, als Erlesenheit in den Dames de France, gegenüber die allopathischen Verheißungen, Heilung und Heil, und an jeder Ecke die frohe Botschaft des Korkenadels: *Buvez bon, buvez Bordeaux! Les vins Lemaire, choisis pour vous plaire!*

Es ist Mittag. Die Helligkeit des Lichts entblößt die Stadt. Nüchternheit und Sinnlichkeit als Attribute der Guyenne: das Nüchterne und Sinnliche der Weinhänge, das Nüchterne und Sinnliche des Wassers, das Nüchterne und Sinnliche der breiten Alleen, das Nüchterne und Sinnliche der klassizistischen Fassaden, das Nüchterne und Sinnliche noch im weichen Sandstein der Säulen und Kapitelle, und dieses Nüchterne und Sinnliche, das zugleich nüchterne Sinnlichkeit und sinnliche Nüchternheit ist, nüchterne Sinnlichkeit der zählbaren Parallelen wachsenden Rebholzes und sinnliche Nüchternheit des Wellenschlags und der Bewegung fließenden Wassers, nüchterne Sinnlichkeit der Doppelreihen blühender Platanen und sinnliche Nüchternheit steinerner Lorbeergirlanden, ist mit Göttern bevölkert, die keine sind.

Die Balustrade des Grand Théâtre ist kein Olymp. Merkur und Minerva blicken drohend und dreist wie Konquistadoren, der Stein gegen den Hauch, die Materie gegen den Geist, die Wirklichkeit gegen die Möglichkeit, und jede erfundene Wahrheit ist gegen die Brauchbarkeit abgesichert.

David Diop, der Dichter, geht durch die Rue Sainte-Catherine. Vom Cours du Chapeau-Rouge her kommen ihm jetzt die Herren der Welt entgegen, die Beaux der Börse, Grossisten und Anwälte, Brummels des Change und Exchange zwischen den blanken Blechen der Grande Nation: vormals Tauschgeschäfte am Cap Verde, Glasperlen gegen Senegalesen, Kompensationen in Porte-au-Prince, Senegalesen gegen Pfeffer und Rum, und dann der Handel, schon in den Hallen und Schuppen am Quai. Die jungen Herren in den wadenengen Hosen als Nachfahren merkantiler Eroberer, das Kapital kam aus den bourbonischen Schlössern, und noch im Marmor der Stufen flirrt die harte Eleganz.

Es ist Mittag. Aus den Allées de Tourny strömen die Bonnes mit den Söhnen der Reichen. Sie heißen Patrick, und der britische Löwe zeigt seine Zähne auf den Blazern und Baskenmützen. Sie tragen ihre Nasen hoch über dem Aas der Straße, in ihren Köpfen spukt die Erinnerung an Henri Plantagenet, die Vorfreude auf die Ferien in Bristol, und noch in den Sommerhandschuhen jucken die anämischen Finger in aquitanischer Geschäftigkeit. Im Sonnenlicht flimmern Reputation und Requisiten ihrer Abkunft, die hohe Gesinnung und die hohen Räder der Kinderwagen.

An der Place Pey-Berland schlagen die schweren Eichenholztüren ihrer Väter. Solid klingen die Schlösser, wieder blitzen die Messingschilder der Notare, es riecht nach Eile und Erdnußöl. Aber schon auf den weichen Brücken der Restaurants dämpft sich der kapitale Schritt. Das Geleit der bleichen Garçons, halbe Geste des Patrons im Frack, während sich hinter ihm auf den Spiegelregalen die Flaschen verdoppeln. Austern aus Arcachon,

Schnecken aus Lesparre, Lampreten aus Saint-Emilion, Lämmer aus Pauillac, Schnepfen aus Bazas, Enten aus Villeneuve-sur-Lot, Alsen aus Aiguillon, Tafeltrauben aus Moissac, und die britischen Löwen gähnen in merkantiler Eintracht. Es riecht nach Erschlaffung und nach exotischen Gewürzen. Die Gentilhommes, steif in den englischen Stoffen, sitzen noch eine Weile bei Cognac und Keks, bis die Sonne das Spülwasser verschlingt.

In den Straßen stauen sich Abfall und Aas. Riesige urbane Schwemme mit Fleischresten und Fischköpfen. Was die Sonne nicht nimmt, gerinnt in der Gosse. Keine irische Klage, die Stimme Joyces erhebt sich nicht zu den Brillantentauchern in blauen Overalls, weder Römer noch Engländer brachte seinen Kloakenirrsinn in diese Stadt. Der Mann aus Bordeaux nahm nicht, was wertlos war, nicht Abzugskanäle, nicht Wasserklosett. Noch auf den Fäkalienfeldern hinter den *pompes à merde* gegenüber Lormont erhebt sich rosenfingrig die Blüte der Artischocke.

Es ist Mittag. Während die Sonne scheint, ist die Rue du Soleil schwarz von Schatten und Scham. Kein Mensch ist zu sehen, ein armes Geschlecht verkriecht sich im Dunst von Zwiebeln und Tran. Das Gemäuer ist feucht und zerfällt. Ein winziger Platz öffnet sich nach dem Licht, und die Sonne fällt stückweise auf Fensterbänke und Säulenstürze. Aber die dickwandigen Türen der Eingänge liegen im Schatten. Auch sie faulen im Feuchten, der Salpeter zerfrißt das weiche Gestein. Graue Gesichter erscheinen hinter den Scheiben, schwarzes Fleisch.

David Diop biegt in eine kleine schräge Straße ein, dann greift er zwischen die Perlenschnüre eines Bistroeingangs und verschwindet in Teer und Tabak. Hier sitzen die Docker bei ihrer *tourin.* Die Suppe dampft in den Tellern, es riecht nach Zwiebeln und Schweinefett, nach gebackenen Eiern und Tomatenpüree. Wenn die Perlen am Eingang klappern, weht ein Hauch von Tran und Knochen durch das Lokal. Es sind die Düfte der Papierfabrik von Bègles, aber der Gestank vermischt sich mit dem Schweißgeruch der Achseln.

Die Männer sitzen, essen und trinken. Es sind pockennarbige Gascogner, Gesichter aus Afrika, chinesische Mienen. Die Männer sitzen auf geschnitzten Stühlen, von den tabakbraunen Wänden starren die Anker und Schiffsschnäbel wie von den Colonnes Rostrales auf der Place des Quinconces. Das Glas einer Schnapsflasche schließt die bewimpelte Karavelle ein, der Konquistador ist gefangen, im Rum erstickt, Mumie und Miniatur auf den Kneipentischen. Die Docker klopfen sich auf die Schenkel, sie haben Gauloises an der Unterlippe kleben und staunen in die Flaschen nach der eingesperrten Freiheit.

Es ist Mittag. Der langgezogene Ton einer Sirene klingt vom Hafen her. Die Steinbrücke Napoleons leert sich allmählich. Auf den Verladerampen schrumpfen die Balken und Bretter, die Kisten und Fässer trocknen in der Sonne. Noch immer riecht es nach hartnäckigen merkantilen Triumphen, nie war die Fahrt dieser beflaggten Flotten ein Abenteuer, immer Usance und Entreprise nach den Küsten der Karibischen See. Ein herrenloser Hund läuft über den Beton der Uferstraße. Er schnuppert an den Fischkisten, kratzt an den Rumfässern und hebt sein Bein gegen die trockenen Fichtenbretter. Der Hund achtet nicht Faktorei und Filiale, nicht Niederlassung und Freilager, nicht Magazin und Messe, nicht Kaufhalle und Markt, nicht Silo und Sortiment, nicht Speicher und Stapelplatz. Sein Pißstrahl belebt das Grau der Stahlgestänge wie die kalte Regelmäßigkeit der Louis XV.-Fassaden.

Ganz am anderen Ende der Stadt hat sich ein Kinderbaukasten-Klassizismus erhalten. Hier gibt es auch Grün im Grau: das Platanenquadrat der Place Simiot vor den Gesimsen Monsieur Desgranges oder einen winzigen Garten in der Rue Maxime-Lalanne, wo hinter den warmen Staketen ein Rasenrechteck grünt, wo unter dem Glasdach der Wein gedeiht, wo hinter der Mauer die Palme protzt. Eine Idee der Exoten, so sieht es aus, aber die fleischigen Blätter verraten Profit und Proprietär.

Erst die Strahlen der Abendsonne werden gegen die Weinranken und auf das Glasdach der Veranda fallen. Dann werden die

Weinblätter leuchten. Dann werden die Trauben schwellen. Dann wird das Glas des Daches schimmern. Dann wird das Licht durch die Weinblätter und durch die Trauben dringen bis in den Salon, wo der Hausherr beim Schoppen sitzt. Dann werden die Sesselkissen keine Sesselkissen mehr sein, die Bücher an den Wänden keine Bücher mehr. Rot wird nicht mehr Rot sein, und auch die Obstschüssel wird sich nicht mehr wölben.

Hier ist die Stadt zu Ende, weit von David Diop entfernt. Hinter dem Klassizismus liegt der bukolische Abend. Nach und nach verkrüppelt der Weinstock, die Trauben schrumpfen, der Sand schießt ins Kraut. In hellen Haufen läuft er über die Hänge, ist auf die Kiefern geklettert, in die Hütten geschlüpft, unter die Kleider gekrochen, bis in die Töpfe, bis in die Puppen. Die Kinder wälzen sich darin, die Hunde wirbeln ihn gegen die Schafställe. Ein Mann geht über einen Hof. Er trägt einen schwarzen Schlapphut. Ein anderer kommt aus einem Schuppen heraus. Sie bleiben beieinander stehen und rauchen. Seit Jahrhunderten sind sie auf Stelzen gegangen und haben Strümpfe gestrickt. Sie haben vergessen, wie man miteinander spricht. Ihre Bewegungen sind das zähflüssige Tropfen des Harzes. Die Töpfe füllen sich langsam, die Lachten klaffen, zwischen den Borkenlippen quillt das steife Harz. Ginster und Wacholder wachsen am Rand der Waldpfade, dann und wann huscht ein Blattgoldkäfer vorbei. Sein Rückenschild ist Matrix und Malachit, der Straß einer Damenhandtasche.

Aber noch ist es Mittag. Die Handtaschen der Damen in der Rue Sainte-Catherine schwingen an Röcken vorbei. Erst am Abend wird das Leder mit Pelz zusammensein vor dem Grand Théâtre.

Meyerbeer: Die Afrikanerin. »Die Sonne schien in meine Hütte, und meine Frauen waren schön und biegsam wie die Palmen im gelinden Abendwind.« David Diops Wörter sind Worte geworden. Er geht durch die Rue Sainte-Catherine. Er geht unter der Sonne vom Senegal, der Sonne der Antillen, der Sonne von Versailles.

David Diop
Tamtams meiner Nächte

David Diop, 1927 als Sohn eines Vaters vom Senegal und einer Mutter aus Kamerun geboren, verbrachte seine Jugend zwischen Krankenbett und Schulklasse.

Der, der alles verlor

Die Sonne schien in meine Hütte,
und meine Frauen waren schön und biegsam
wie Palmen im gelinden Abendwind.
Meine Kinder glitten auf den großen Fluß
in des Todes Tiefen,
und meine Boote rangen mit den Krokodilen.
Der Mond, wie eine Mutter, tanzte unsre Tänze mit,
des Tamtams Rhythmus schwer und rasend,
Tamtams der Freude, Tamtams der Sorglosigkeit
inmitten der Freiheitsfeuer.

Dann eines Tags die Stille...
Die Sonnenstrahlen schienen zu erlöschen
in meiner leeren Hütte.
Meine Fraun zermalmten ihre roten Münder
auf den schmalen harten Lippen der Eroberer mit den
 Eisenaugen.
Und meine Kinder ließen ihre ungestörte Blöße
für die Blut- und Eisenuniform.
Auch ihre Stimme war erloschen.
Die Sklaveneisen haben mir mein Herz zerrissen:
Tamtams meiner Nächte, Tamtams meiner Väter.

Die Zeit der Qual

Der Weiße hat meinen Vater getötet
stolz war mein Vater
Der Weiße hat meine Mutter geschändet
schön war meine Mutter
Der Weiße hat meinen Bruder unter die Sonne
der Straßen gekrümmt
stark war mein Bruder
Der Weiße hat seine Hände
rot von schwarzem Blut
mir hingestreckt
mit Herrenstimme:
He Boy, einen »Berger«, ein Handtuch, Wasser!

Übersetzt 1955

Das Abc von Fénétrange

Eine Chaussee zieht sich durch Weizenfelder und Viehkoppeln hin. Es ist eine Chaussee, die in Bögen und Kurven verläuft. Sie geht über eine Brücke hinweg, durch ein Dorf hindurch, folgt einer Bodenwelle, einer Talsohle, dem Alphabet der Erdoberfläche.

Auf der einen Seite des Chausseegrabens steigen die Wiesen und Felder an; das fette Land mit Kühen und Korn erhebt sich über die gerümpfte Nase des Passanten. Dort steht ein Bauer mit einer Hacke. Ganz allein steht er da; vor ihm liegt der unübersehbare Acker, der bis an den Horizont hinauf-, und hinter ihm eine Geschichte, die tausend Jahre zurückreicht. Der Bauer weiß nichts von dieser Geschichte. Neben seinem Plastikbeutel mit Weißbrot und Rotwein liegt keine Muskete und kein Säbel; es gibt keine marodierenden Kroaten, es ist kein Dreißigjähriger Krieg. Der Bauer heißt nicht Moscherosch; er ist kein Dichter mit einem Feld vor der Stadt, er hat nie ein Buch gelesen, ausgenommen Georges Simenons »Charretier de la Providence«.

Die andere Seite der Chaussee fällt ins Tal ab. Dort fließt die Saar. Sie fließt durch ein schmales, grünes Bett. Ihr Wasser, »welches den Namen hatte von dem alten Erzt-König im langen großen Bart«, spült über Schilf und Entengrütze; Fische stehen in den Wieken still; ein Angler sitzt dort am Ufer, »so zu oberst saß mit einem Bart biß auff die Knye, ist der König Saro«; aber der Angler ist glatt rasiert, mit Rute und Vorfach bewaffnet, neben ihm liegt sein Rucksack. Auch ihn kümmern weder Armin noch Ariovist. Er sitzt zwischen den Weizenfeldern und den Viehkoppeln am klaren Wasser und zieht seine Ergebnisse nicht aus der Geschichte. Noch trübt kein chemischer Abschaum diese reine Flut. Fern liegt Sarrealbe mit seinen Steinsalzhalden, noch ferner Sarreguemines im Rauch der benachbarten Schlote. Erst das falsche Abendrot der Gießereien und die Scheingewitterwolken über den Hochöfenstädten bedrohen ihr Gewässer, das der Aschenregen schwärzt. Simenons Fuhrmann zieht am Kohlenkanal entlang. Der Bauer mit der Hacke kann ihn nicht sehen. Es liegt ein Wald zwischen ihnen, das touristische Wasser des Mittersheimer Weihers, eine Blase lothringischer Luft, Wolken, der Pfiff einer Lokomotive.

Der Bauer mit der Hacke schaut ins Tal hinunter. Dort liegt Fénétrange, das alte Finstingen des Dichters, der das Alphabet ausgestreut hat, aus dem sich auch die Worte und Sätze dieser Stadt zusammensetzen lassen – nicht viel mehr als ein Tor, ein Turm, ein alter Stadtgraben, die Straße, das Schloß, das Mädchenpensionat. Aber dieses Abc von Fénétrange fügt sich leicht zu falschen Metaphern, und vergebens entziffert der voreilige Passant das Bild, das ihn täuschen kann. »Ich hatte bißher gesehen und erfahren, daß an allen Orten, die ich durchwandelt und durchzogen, durchgangen und durchloffen, durchzöpelt und durchtrabet, durchschliffen und durchritschet, durchschlichen und durchstrichen, durchstigen und durchkrochen, durchhutzelt und durchburtzelt, durchstulpert und durchfallen, durchritten und durchschritten, durchreyset und durchfahren, von der Welt Scheinsal und Eitelkeit fast betrogen worden, und daß also das rechte Wesen dieser Orten, da ich noch hucke und mich tucke, weder zu suchen noch zu finden seyn werde.«

Fénétrange liegt im Vormittagslicht, das den alten Stadtgraben im Schatten läßt. Hier fault eine Mistkarre, eine Axt rostet in einem Holzklotz, der Draht eines Hühnerpferchs hängt in den Schlamm. Nur Monsieur Noëls mathematischer Garten mit symmetrischen Kiesbeeten und betongefaßten Obstspalieren überdauert eine Weile Zeit. Die Kunststoffkanne rostet nicht, die Polyesterschale fault nicht unter den Petunien fort. Monsieur Noëls Gartenstühle sind frisch gestrichen, und in den Kutschen regt sich früh schon sein Salat.

Die Straßenkreuzung vor dem oberen Tor ist unbelebt zu dieser Zeit. Eine Frau mit ihrem weißen Spitz erscheint vor einem Haus an der Straße nach Sarrebourg. Die Pharmacie an der Mittersheimer Straße öffnet ihre Tür und läßt den Duft von Hagebuttentee ins Freie. Die Caisse mutuelle an der Ecke riecht nach alten Wertpapieren. Monsieur Gogelein tritt vor seine Hostellerie und lüftet das Lokal von Tabaksbeize. Er ist der Nachfahr löblicher Bierbrauer; sein Haus ist alt, in seiner Truhe liegt das Permissions-Pergament von Stanislas Leszczynski. Gediegener Hausrat schmückt den Salon; es gibt Feuerhaken und alte Leuchten an den Wänden, ein paar Handschellen aus den mittelalterlichen Folterkammern und Dinge »als da sind zinnine Kehrbürsten, zinnine Kehrwische, zinnine Krätzerlein, zinnine Liechtbutzen, zinnine Blaßbälge, zinnine Offengablen, zinnine Bratspisse, zinnine Küchelgäbelein, zinnine Feuerstekken, zinnine Herdkesselein, und in Summe zinnine Holen, zinnine Klufften, zinnine Brandreiten, zinnine Herde, zinnines Holtz und zinnines Feuer«.

Eisern sind die Mienen der Twens, die sonntags auf der Kreuzung über Politik und Poker diskutieren. Das Pokern geschieht auf ihren Knien, morgens und abends in der Bahn, die sie zur Schicht in die Fabriken von Sarrebourg und Sarre-Union bringt. Aber die Politik geschieht in Paris, wohin ihre Wünsche gehen, »und in Warheit zu melden: wer die Welt in einem Saal, in einem Sack, in einem Garten, in einem Garn, beysammen sehen will, der wird sie in Pariß gewißlich finden«. Die jungen Burschen an der Straßenkreuzung von Fénétrange tragen langes Haar und Bärte. Noch ist nicht Moscheroschs »à la Mode Kehraus«, und wenn die Burschen sich zum Stadttor wenden, ist Sonntagabend, und morgen gibt es ihre Bärte wieder in den benachbarten Schokoladenfabriken.

Der immer ein wenig bewölkte Himmel breitet sich über die Häuser der Honoratioren; und wenn sich die Wolken zusammenziehen, duckt sich der Bürger über sein Konto, kauert bei Zins und Zahlungsbilanz und hockt in geheuchelter Eintracht mit fetter Rendite auf der Habenseite des Montags. Die Fenster der Häuser sind fest verschlossen. Manchmal zeigt sich eine

Dame hinter den Gardinen. Spät trägt sie noch den Morgenmantel, aber schon ist ihr ein Tag sicher wie das Amen in der kleinen Kirche nebenan. Die Männer kommen aus den Türen, und ihre Zigaretten in den Mundwinkeln weisen ihnen ihren Weg ins Platzcafé zu Konferenz und Apéritif. Sie trinken mäßig und sitzen um Ratschlag für den besten Spargelpreis. Diese Straße war einst die ganze Welt, und die ganze Welt lag in dieser Straße. »Sie wird, sprach er, genannt Heuchelstras. Sie ist die grösseste in der Welt, dann sie von dem oberen Thor bis zu dem undern Thor, vom freto Anian biß zum freto Magellanico, von Nova Zembla biß in novam Guineam, von Ormus bis nach Sevillia, von Grönland bis nach Sumatra, von Cabo Bonae Spei bis nach Archangelo gehet.«

Radio und Fernsehen berichten aus aller Welt, und das Tageblatt aus Sarreguemines ist nicht nur auf das Lokale beschränkt. Die Frauen in den Morgenröcken tragen schon die Weißbrote unter dem Arm, und die Männer in der Kneipe sind sich einig über Markt- und Wirtschaftslage. Die Mittagsstunde ist angebrochen, Sauerkraut und Pommes anglaises dampfen in den Schüsseln. Landleute und Honoratioren verzehren sich im Zweifel über die agrare Hoffnung, die »France Journal« alltäglich nährt.

Die Straße zwischen der Porte de France und dem Deutschen Tor, das es nicht mehr gibt, die aber ihre ganze Welt ist und nicht ein Deut an Deutlichkeit verliert, ist nicht eigentlich mit Augen sichtbar, ebenso wie ihre Menschen, die man ansieht, »aber ich sahe sie doch anderst, alß sie außsahen«. So ist diese Straße nicht aus Stein und Ziegel, sondern aus Worten gebaut. Es ist die Sprache des Dichters, der sie aus Sätzen gemacht hat. Die Gefüge dieser Sätze bauen diese Straße. Wort für Wort erhebt sich ein Haus, die Laute sind Türen und Fenster, Mansardenvokale und Erkerkonsonanten.

»Zum Eingang Ein schönes Portal von zierlichen Politischen Grifflein aufgeführt, ein köstliches Haus von herrlichen Juristischen Ausfluchten erbaut, besser hienein Ein hohes von weitem hellscheinendes Gebäu, beneben einem Garten mit Geistlichen Labyrinthen ausstaffiret, nicht weit davon Ein niedriges, aber wohlgesetztes Gebäu von Mechanischer Arbeit, Ends ein Anderes viel schöneres Portal zum Außgang mit Galenischem Laubwerk, Hippocratischen Läuffen, Aesculapischen Säulen, und Theophrastischen Grotten gezieret.« Aber »den du bey jenem Eck selbander herkommen siehest mit einem busch Federn, güldiner Kette und zerfetztem Kleid, ist ein Ertzheuchler, Ein Pfeffersack«.

Noch heute liest der Bürgermeister seine kommunalen Schriften, bestätigt der Notar die Kaufverträge, versenkt der Pfarrer sich in sein Brevier. Doktor Bricka pflegt sein Anwesen hinter den geballten Fäusten der Weiden, aber der Händler sitzt nicht mehr auf dem Sack mit Pfeffer. Fénétrange ist neunhundert Jahre älter geworden, seit Kaiser Heinrich IV. die Stiftsdamen von Remiremont verpflichtete, für das Münzrecht in Finstingen 5 Pfund Pfeffer an die kaiserliche Rentei abzuliefern. Auch der Dichter ist seit dreihundert Jahren tot. Es war Hans Michael Moscherosch, Amtmann zu Finstingen von 1635 bis 1642. »Bin ein Geborner Teutscher von Sittewaldt, Weiß zwar selbst schier nicht, was ich sonst bin: Ich bin, was man will; hab mich in diesen Ellenden Zeiten müssen in allerley Leut köpffe schicken und wie Hanß Wursts Hut auff allerley weise winden, trähen, drücken, ziehen, zerren und bögeln lassen; viel leiden, viel sehen, viel hören, und mich doch nichts annehmen müssen; Lachen, da es mir nicht umbs Hertz war; Gute wort geben denen, die mir böses thaten; mich müssen gebrauchen lassen wie das kalte Gebratens; bald für ein Ambtmann, und nach dem ich von den Wüterichen entlichmahl außgeplündert, geängstigt, geschätzt, tribulirt, verjagt und vertrieben worden, für ein Hoffmeister, Rentmeister, Vorsprech, Advocaten; bald für ein Jäger, Vorschneider, Stallmeister; bald widerumb für ein Ambtmann, für ein Baumeister, für einen Schultzen, Bittul, Bauernartzt, für einen Roß- und Kühehirten, für einen Schützen, Soldaten, für einen Bauren.«

Gras und Flechten gedeihen zwischen den Pflastersteinen, und wer den Schritt nach rechts durch den Torbogen lenkt, dirigiert den Fuß auf historischen Boden. Der Innenhof des Schlosses öffnet sich. Eine Linde erhebt ihre Äste, ein alter Spritzenwagen streckt seine verrosteten Pumpenhebel in die Luft, ein Holzhaufen ragt empor; doch jede Aufwärtsbewegung lahmt in dieser Ecke, wo Staub und Asche fliegen, wenn der Flügelschlag der Tauben kracht. Das Auto eines Viehhändlers parkt neben der Linde. Schweinegrunzen mischt sich mit Kindergeschrei. Nur das Auf und Ab der Mädchenlippen hinter Fensterglas bleibt stumm. Die Lehrerin führt ihre Schulklasse über die Treppe. Während der Schloßhof sich mit den grauen Kitteln füllt, entrichtet der Viehhändler seinen Fünften auf dem Steueramt. Mürrisch kommt er aus der Tür zurück. Sein Taschentuch verscheucht den Anflug jugendlicher Unbefangenheit, sein Stiefel tritt den Zigarettenstummel und die Illusion entzwei. Er hat keinen Blick für Ruhm und Renaissance.

Maurice Barrès sah diese Mauern wie Brüste schwellen, aber er sah auch, daß sie vom Aussatz befallen sind. Kein Finger rührt sich für ihre Heilung. Sie sind leprös, und die Finger sind gebrannt, seit Dominik von Frimont das Haus von Stanislas Leszczynski kaufte. Er tat sein Vermögen in den Mörtel und mauerte die Erinnerung an die schöne Diane de Dompmartin zu. Ihr Gemahl war Johann Philipp von Finstingen; er starb im Hugenottenkrieg an schlechter Pflege, und ihre Schloßkapelle liegt heute noch im Staub. Simse und Kapitelle sind übereinandergeworfen.

»In einem kleinen gärtlein nähst an diesem Gebäu sahe ich etliche als in einem Pferch eingeschlossen«, aber es waren nicht gewesene, sondern gewordene Jungfrauen. Das Pensionat Notre Dame de la Providence ist in zarte Zuversicht gegittert. Die Dame der Vorsehung hat die jungen Mädchen aus gutem Haus in ihre Obhut genommen; aber die Vorsicht gebietet ein waches Auge für die Zukunft dieses Bluts. Die jungen Mädchen gehen der Zeit zur Hand; unter den hellblauen Kitteln leuchten die kecken Röcke, die flotten Bewegungen sind für später gut. Die Vorsehung der geistlichen Damen reicht über die graue Mauer hinweg. Die Mädchen sind nicht nur zur himmlischen Minne vorgesehen. Ein Fenster steht offen, aber kein Laut dringt in den Garten. Hier grünen Birken und Erlen, ein kleines Wasser fließt unter einem Brückchen hindurch, Silbertannen geben sich betont gespreizt, und in den Tulpenbeeten ist der Humus für die zarten Hände locker. Im Hof neben der Freitreppe parken ein paar schicke Wagen; vielleicht hat ein junger Notar seine Hand im Spiel mit der Vorsehung. Die Fahnenstange neben dem Tor ragt ungeflaggt, im Windhauch schlägt der Zugdraht gegen das Holz. Die Zuversicht hat keine weiße Fahne gehißt.

Ein Mann kommt hinter dem Haus hervor. Er trägt eine kurze blaue Schürze, »ein Kerle allein in tiefsinnigen gedancken; was er redete, das waren Jungfrauen, was er traumete, das waren Jungfrauen, was er asse, das waren Jungfrauen, was er schribe, das waren Jungfrauen, was er Lase, das waren Jungfrauen, was er sahe, das waren Jungfrauen; und wär keine geysse so übel geschleyert, deren er nicht zu respect und ehren den Hut abzoge und eine tieffe Bückung erzeigte«. Es mag der Gärtner sein, oder ist es der Bote aus dem Notariat, vielleicht Simenons Fuhrmann der »Vorsehung«, sein Treidler der »Providence«, der die zarte Zuversicht stromaufwärts zieht. An der Schleuse von Diane-Capelle öffnet sich das Wehr; im Wald von Fénétrange hält keine Hand die animierten Fluten auf. Der Mann im Garten des Pensionats steht unschlüssig zwischen den Tulpenbeeten. Auf der Freitreppe erscheint eine Nonne. Sie hebt ihre Hand und probiert eine abweisende Gebärde. Der Mann regt sich von der Stelle, mit beschnittener Hoffnung im beschnittenen Buchs.

Hier steigt die Straße wieder an. Noch ein paar Schritte, und die Chaussee nach Sarreguemines zurück zeigt Fénétrange als kleine alte Dame, die allzulange ihr Spitzenkleid getragen hat. Maurice Barrès hat sie so gesehen. Sein Blick ging über die Dächer mit den moosgeschwärzten Ziegeln. Er sah sie als Rüschen über dem Kragen des alten Gemäuers gefaltet. Die

Rentner aus Sarrebourg und Sarre-Union sind zu der alten Dame Fénétrange retiriert. Sie haben Namen und Beruf abgelegt wie ein Sparkassenbuch bei der Caisse mutuelle, »nicht mehr Metzger, nicht mehr Wagner, nicht mehr Müller, nicht mehr Rett, nicht mehr Frett, nicht mehr Trett, nicht mehr Hett, nicht mehr Wett«.

Am Ufer der Saar sitzt noch immer der Angler, und an der Chaussee steht noch immer der Bauer mit der Hacke. Noch immer steht er allein da, liegt vor ihm der unübersehbare Acker und hinter ihm die Weltgeschichte. Noch ist nicht wieder Krieg, noch gibt es nicht wieder marodierende Kroaten, noch kümmert ihn nicht wieder Kanzel und Kanone. »Wenn ich des Morgens aufstehe, sprach Gschwebbt, – ein Kroat –, so spreche ich ein ganzes Abc, darin sind alle Gebett einbegriffen, unser Herr Gott mag sich danach die Buchstaben selbst zusammenlesen und Gebethe drauss machen wie er will.«

Der Onkel mit dem blauen Fierhemd

Auf dem Wasser ist alles ganz anders: Wenn man stehen will, muß man fahren. Wer weiß, was wir nicht alles unternommen haben, um auf dem Land zurecht zu kommen, wir haben stehen und gehen, wir haben sitzen und liegen gelernt, aber auf dem Wasser ist alles ganz anders. Im Wasser ist es wie auf dem Lande, denn das Schwimmen ist ja wie das Gehen und das Liegen, nur daß es im Wasser anstatt auf dem Lande geschieht, so daß es auf dem Lande nicht viel anders als im Wasser zugeht, denn auf dem Lande muß der Mensch ja auch schwimmen und tauchen, um nicht unterzugehen. Aber auf dem Wasser, da ist es so, wie es im Lande wäre, es ist alles ganz anders.

Um diese Erfahrung auf dem Wasser machen zu können, mußte der Mensch das Schiff und das Schiffahren erfinden. Als ich mich vor vielen Jahren mit einem Baumwollhemd, auf dem eine Windrose und der Spruch »Navigare necesse est« aufgedruckt waren, zu den Stränden des Mittelmeeres bewegte, da hielt ich die Windrose für ein Steuerrad und der Spruch erinnerte mich an den Titel eines Romans, dieser hieß »Seefahrt ist Not« und war von Gorch Fock, weil Kaiser Wilhelm gesagt hatte, unsere Zukunft liege auf dem Wasser.

Als ich unlängst auf dem Portal des Hauses »Seefahrt« in Bremen diesem Spruch wiederbegegnete, da hieß er nicht nur: »Navigare necesse est«, sondern er hieß: »Navigare necesse est, vivere non est necesse«, ja, Schiffahren ist nötig, leben ist nicht nötig, heißt es da, und als ich jetzt zum ersten Male in meinem Leben die Navigation mit eigenen Händen betrieb, da begriff ich erst, daß das Leben tatsächlich nicht nötig ist, wenn man das Schiffahren nicht beherrscht. Womöglich liegt unsere Zukunft wirklich und wahrhaftig auf dem Wasser, auch wenn es keine Balken hat und auf ihm alles ganz anders ist.

Wir waren zu siebt, Brigitte und ich, Gertrud, Hermann und

die Kinder: Lukas trug seine Steuermannsmütze, Susanne hatte ein Kopftuch geschlungen und Christian, dessen Image von der Schirmmütze geprägt ist, wechselte seine Gerolsteiner Natursprudel- mit der Glasurit Autolackmütze. Hermann hatte seine weiße Kapitänsmütze und ich meinen blauen Jeans-Hut auf dem Kopf: Eine Crew, »quellfrisch«, wie es auf Christians Sprudelmütze heißt, und das Charterboot, das wir im burgundischen Vermenton in Empfang nahmen, war weiß und gelb und ließ uns augenblicklich zu imaginären Fernsehhelden werden. Vielgelobt ist die christliche Seefahrt, wenig beachtet ist das Fahren auf dem Kanale!

Die Übergabe des Bootes war ein Stoß ins Wasser. Mister Risings aus England gab uns die Zündschlüssel, zeigte uns, wo sich der Einfüllstutzen für Frischwasser befand und wie der Gasherd bedient wurde. Er stieß uns, wir fielen ins Wasser und schwammen; als er am Abend mit seinem Auto an die Anlegestelle nach Saussois kam, um uns Schwimmwesten zu bringen, da hatten wir uns längst freigeschwommen.

Du kannst machen, was du willst, auf dem Wasser steht alles auf dem Kopf, da ist alles ganz anders als auf dem Lande: wenn man stehen will, muß man fahren, und wenn man fahren will, dann darf man sich nicht von der Stelle rühren. Denn das Schiff hängt mehr am Ruder als das Ruder am Schiff hängt, und hinten ist immer mehr vorne als man vorne vermutet.

So fuhren wir zu sicbt auf dem Canal du Nivernais, Hermann war Kapitän, Lukas war Steuermann, Christian war Matrose, Brigitte war Zahlmeister, Gertrud war Smutje, Susanne war Stewardeß. Ich aber hantierte mit den Tauen und war der Moses, der sehen muß, wie er zurecht kommt. Ich warf die Vorleine und zog die Bugleine ein, ich schlug den Palstek und fierte an der Klampe, und wenn das Boot eine Schleuse verließ, dann lag mein Tauwerk stets aufgeschlossen auf Deck. Ja, wer nicht gelernt hat, was ein nicht zuziehendes Auge und was ein Kopfschlag auf der Klampe ist, wer nicht weiß, daß zum vorübergehenden schnelleren Belegen nur ein halber Schlag vonnöten ist, der wird es nimmermehr begreifen, daß man auf dem Wasser fahren muß, wenn man stehen will.

Unser Boot glitt dahin, weiß und gelb und königlich, aufwärts das Tal der Cure an Wäldern und Weinbergen vorbei. Zwischen Bazarnes und Ste. Pallaye fahren wir in die Yonne ein, Trucy zeigt seine alte Kirche aus dem 13. Jahrhundert, Mailly sein mittelalterliches Schloß hoch von einem Felsen herunter. Fluß und Kanal trennen sich, die Entengrütze schwimmt auf dem Fluß davon, Schilf und Zitterpappeln säumen den Kanal. Es duftet nach Jasmin, an den abgemähten Feldern blüht der Mohn. Wasserläufer schwirren, Libellen brausen in der Luft und huschen durch das Rohr.

Da stand ich also, der Onkel mit dem blauen Fierhemd, und in jeder Schleuse warf ich meine Taue und zog sie wieder ein. Es begegnen uns Engländer mit verwegenen Schnurrbärten und Schweizer in weißen Kapuzen, Franzosen fahren vorbei, aus deren Salon die Unvollendete von Schubert erklingt, und Belgier kreuzen uns mit lauter Schönheiten an Deck. Ich fiere an der Klampe, tollkühn werfe ich das Tau, eine belgische Blondine schaut und lächelt. Aber mein Tau verfehlt den Poller und auch der Schiffshaken fällt ins Wasser der Schleusenkammer. Verwegener Fiermann im blauen Hemd, beim Neptun, ich fluche wie Ahab im steifen Wind, und es schallt doppelt so laut in der leeren Kammer. Die Blondine schaut mit blauen Augen, sie lächelt immer noch, ja, auf dem Wasser ist alles ganz anders.

Die Felsen von Saussois erscheinen backbords. Hermann fährt die Kehren, daß die Bugwelle schäumt. Auf einer Wiese gehen Jäger, ein Zirkus hat sein Zelt aufgeschlagen, am Gartenzaun sitzt der Schleusenwärter und dengelt seine Sense. Begonien blühen in Kübeln, an der Hauswand hängt Clematis, im Garten schreit ein blauer Pfau.

Dreh- und Hebebrücken hindern die Weiterfahrt, die Kinder drehen und heben und Hermann am Steuer muß viel fahren, weil wir stehen und warten müssen. Aber dann öffnet sich die pastorale Enge, wir verlassen den Kanal und biegen erneut in die

Yonne ein. Vor uns breitet sich der Fluß, hohe Bäume senken ihre Zweige auf den Wasserspiegel, für uns ein Amazonaspanorama.

Wir fahren in Clamecy ein, backbords erhebt sich das Hotel de la Boule d'Or und die häßliche Bethlehemkirche in Eisenbeton, steuerbords liegt die Stadt, die kleinen Gassen führen alle zur Kathedrale hinauf, vorbei an Romain Rollands Geburtshaus, der Kanal vor seinem Fenster ist längst zugeschüttet. In der Oberstadt ist die Büste von Claude Tillier aufgestellt, wer kennt nicht seinen Onkel Benjamin? Aber Onkel Benjamin ist nicht der Onkel in blauen Socken und blauer Hose, mit blauem Hut und blauem Hemd, er ist nicht der Onkel in Blau, wie es sich für einen Schiffahrer geziemt, Onkel Benjamin trägt perlgraue seidene Strümpfe und einen Frack von scharlachrotem Satin, er ist Arzt und trägt den Degen anstelle des Bootshakens.

Im kleinen Restaurant sitzen wir bei hausgemachter Pastete, bei Hechtklößen und gebratenen Wachteln, wir trinken den weißen Puilly-fumé und den roten Hautes-Côtes-de-Nuits. Wir sind ganz mit Onkel Benjamin der Meinung, daß das einzige, was den Menschen über das Tier erhebe, die Fähigkeiten sei, sich zu berauschen. Noch in unserer Kajüte spüren wir, daß das, was hinten liegt, vorne, und daß das, was vorne liegt, hinten ist, kein Wunder, auf dem Wasser ist ohnedies alles ganz anders.

Am Morgen gleitet unsere »Roi de Bourgogne« aus dem kleinen Yachthafen, die weiße Taube fliegt immer voraus. Winnetou, Hermanns Dackel mit dem rauhen Haar, sitzt am Bug und schaut, wie die Welle dräut. Mal schwimmt ein Bläßhuhn, mal eine Bisamratte vorbei, Winnetou sieht es gelassen an, er verspeist die zarten Wachtelknochen. »Oh!« ruft eine Frau am Ufer, »un basset poilu!« und Hermann schiebt seine Kapitänsmütze auf die Seite. Die Mütze ist weiß, aber auf dem schwarzen Schirm prangt eine goldene Tresse und auf dem schwarzen Steg eine gedrehte Kordel und eine Kokarde mit goldenem Anker. Auch wenn es eine Faschingsrequisite ist, so sieht sie aus wie jede andere Kapitänsmütze. Hermann steuert in die nächste Schleuse, es ist die vorletzte von dreiunddreißig, und es geht ans Wenden.

Im Département Nièvre ist ein Wettbewerb ausgeschrieben: »Wer hat die blühendste Schleuse?« Die Schleusenwärterin von Basseville überreicht uns das Formular. »Ecluse de Basseville, Nr. 51 du versant de la Seine« steht auf dem gußeisernen Schild zu lesen. Das Schleusenhaus von Garenne ist 1827 gebaut, die Sandsteinsäulen der Brücken sind von jahrzehntelangen Treidelfahrten gekerbt und zerscheuert. Die Namen der Schleusen erinnern an Märchenorte, sie sind handbetrieben und lassen an Erzählungen aus dem vorigen Jahrhundert denken.

Auch uns schwindet die Zeit, wir leben mitten in der Natur, alles ist grün, was wird das eine Panik geben, wenn wir erst wieder einmal dem Autoverkehr ausgesetzt sein werden?

Wir wenden im kleinen Bassin von Monceau-le-Comte, Hermann arbeitet am Steuer, wenn man stehen will, muß man fahren, wenn man fahren will, muß man stillstehen, aber was tut man, wenn man wenden will? Hermann dreht und kurbelt, er schiebt den Schalthebel vor und zurück. Ich stoße den Haken und werfe das Tau. Hermann hat das Boot gewendet, aber das Tau rollt ins Wasser des Bassins, und ich stehe da im blauen Fierhemd, stumm und ausgepumpt. »Warum flucht er nicht?« fragt Brigitte, und Christian sagt: »Es ist ja keine Blondine da.«

Ja, wir haben gewendet, und jetzt steigen wir durch alle Schleusen wieder hinab nach dem Tal der Cure. Brigitte sitzt auf dem Sonnendeck, sie trägt ihre rosa Bluse mit dem eingestickten »R«. Königliches Initial auf der »Roi de Bourgogne«. Brigitte ist für eine ganze Woche Königin von Burgund, wer weiß, ob nicht der Bootsmann unter der Flagge von Honduras im Hafen von St. Tropez auch der König selbst und nicht nur der Playboy von der Rivièra ist? Hermann trägt seine Kapitänsmütze schon im Genick, Susanne goß den Schleusenwärtern doppelt ein, und Lukas kurbelt an den Toren wie ein alter Schiffer. An der Reling steht Hans Albers, er singt: »Einmal muß alles vorbei sein!« Und die weiße Taube fliegt rascher der letzten Schleuse entgegen, »weil ein jeder nach seiner Heimat sich sehnt, die er gern einmal wiedersehen will«.

Ein nüchterner Mensch ist ein noch halb schlafender Mensch, denkt Hermann wie Onkel Benjamin und fährt mit Vehemenz in die letzte Schleuse ein. Aber auf dem Wasser ist alles ganz anders: Nicht nur, daß man, wenn man stehen will, fahren, und wenn man fahren will, stehen muß, weit gefehlt. Backbords das Steuer drehen, wenn man steuerbords fahren und steuerbords drehen, wenn man backbords fahren will, hinten ist vorne, und vorne geht's immer bequem auf dem Wasser, aber hinten zeigt sich die ganze Schwerfälligkeit.

Beim Neptun, ein Schiff ist kein Auto, mit dem es hinten immer geht, wenn's vorne schon gegangen ist. »Havarie!« ruft die Schleusenwärterin von Accolay. Lukas will das Tau aufnehmen, aber ich greife schon nach dem Rettungsring. O du braver Onkel im blauen Fierhemd, das Wasser schießt durch das Schütz, es hebt sich das Boot, die Tore öffnen sich und hinaus fliegt das Schiff mit wildem Ungestüm.

»Kommen wir vorbei?« fragt Hermann, und Christian ruft: »Aye, aye, Sir!«

Beber es preciso

Spanien sehen und trinken

Handgeschrieben auf den Grenzsteinen vor Pamplona, auf den Brunnen hinter Huesca, auf den Mauern in Zaragoza, auf den Scheunentoren bei Guadalajara, auf den Kalkwänden zwischen Valencia und Barcelona, daß es notwendig sei zu trinken, und wir taten jedesmal den Griff zwischen die Sitzpolster und genehmigten uns einen.

Wir fuhren heraus aus Pamplona, die Straße wendete sich nach links an geschälten Korkeichen vorbei, schoß am Ende einer Geraden nach rechts, sprang über ein Wadi, bog sich wieder nach links, vorbei an Äckern und Weinbergen, Feldern aus Schilfrohr, ein Arbeiter im blauen Anzug stand im Schatten einer Pinie und hatte den Beutel am Hals: beber es preciso.

Ein Dorf lag in der Mittagshitze, kein Schnauf an Wind, lautlos ein Maulesel mit geschlossenen Augen vor einer Pinte, dann und wann wieder der rote Korkeichenbast und die gelben Schilfrohrlanzen und ein einzelner Mann mit Sombrero auf einem Stuhl am Straßenrand, die Flasche neben sich auf dem Bürgersteig: beber es preciso.

Die Steinmuskeln der Pyrenäenhänge glänzten in der Sonne, Bergbäuche wölbten sich auf, ein gelbes Massiv streckte sein Knie nach der Straße, die Glatzen der Kiesel in den Bachbetten, Felsknochen und Pinienwimpern, und nicht zu vergessen die bastroten Rinden der Korkeichen und die schlanken Lanzen des Schilfrohrs aus den Reisebüchern; im Sandatem schwollen die Zungen an, und die Flaschen kamen wieder zum Vorschein: beber es preciso.

In Huesca, einer grauen Stadt im Grauen, gedachten wir Gustav Reglers, der sie »wie ein Spielzeug in der Tiefe« hatte liegen sehen, »mit Zinnen und Türmen und wohlgegürtet durch eine mittelalterliche Mauer« ; in Lerida, einer Stadt mit verödeter Kathedrale, in der eine Jesuswindel hängt, gedachten wir unseres Freundes, der hier in Haft saß ohne Zugang zu der Windel; in Barcelona, »dem Zufluchtsort der Gekränkten«, gedachten wir des Fußballklubs, der Suarez an Inter Milano verkauft hatte; und all die Gedächtnisse ließen eine Wehmut in unsere Kehlen ein, daß wir dachten: beber es preciso.

Wir kamen an die Costa Brava, ins touristische Inferno, die leichte Brise vom Meer rauschte in den Feigenblättern und aus den Kofferradios die Stimme aus Leipzig, die einzige Stimme aus Deutschland, die über die Pyrenäen reicht und die Playboys auf Luftmatratzen nach den Flaschen greifen läßt: o beber es preciso.

Tossa soll vor einem Jahrzehnt noch ein Fischerdorf gewesen sein mit Fischerhäusern neben Fischerhäusern. Heute sind die Fischerhäuser Charcuterias und Panaderias und Sastrerias und Peluquerias und Carnecerias und Snack Bars und Hotels m. fl. W. Blck. a. S. Trkgd. incl. Im Tropicana tanzten Ana Maria und Pepe Sanchez ab zweiundzwanzig Uhr dreißig den Gran Flamenco, aber das war zwischen den vielen Shorts und den Badefähnchen mit Sonnenbrand wie in Tegernsee, wo Annemarie und Pepi Hintermooser am späten Abend einen Schnaderhüpferl zeigen. Wir kauften Eselswurst in der Charcuteria, Brot in der Panaderia, Hammel in der Carneceria, Tomaten, Zwiebeln, Knoblauch, Käse und ein paar Flaschen Rotwein und saßen, wenn Ana Maria und Pepe Sanchez ihren Gran Flamenco tanzten, bei José Figueras neben dem Feigenbaum auf unserer Terrasse vor dem weißen Häuschen und aßen und tranken den Roten dabei, während Ana Maria und Pepe Sanchez immer noch ihren Gran Flamenco tanzten.

Beim Stierkampf in Loret wollte ich sehen, ob der Stier tatsächlich eine Chance hätte. Aber die Vorbereitungs- und Präventiveinrichtungen samt Pferde-, Vieh- und Schlachthöfen, Eingangstoren für quadrillas, Ausgangstore für Abschleppgeschirre, Krankensälen und Betkapellen, die raffiniert ausgetüftelte Planung, den Ermüdungsprozeß des Nackenmuskels auf genau zwanzig Minuten zu begrenzen, eine Operation, bei der die capa des peons die Eigenarten des Stiers aufdeckt, die pica des picadors sein Tempo bremst und seinen Kopf herunternimmt, die banderillas des banderilleros seinen Angriff irritiert, die muleta des matadors sein Auge fixiert, damit der Degen hinter den Hörnern nicht seinen Weg in die Aorta verfehle, während der Stier auf päpstliche Bestimmung hin nur einmal in der Arena kämpfen und nie zuvor einen unberittenen Mann sehen darf, damit er die Bewegungen des Zweifüßlers nicht lerne, all diese Versuche dem Stier die Chance zu nehmen, zeigten statt dem »Augenblick der Wahrheit« statt dem »tödlichen Ballett« nur ausgekochtes Analphabetentum und primitiven Zynismus. Ich wollte mich von einer Schlachthausszene nicht täuschen lassen und zahlte zweihundertfünfzig Peseten für Spaniens derzeit berühmtesten caballero en plaza; aber Don Angel Peralta bekam den Degen nicht rein, der Metzger gab dem Stier eine puntilla und ich begriff, wie beber so preciso ist.

Von Zaragoza aus fuhren wir durch goyanische Fresken nach Madrid. Da hingen die langen habsburgischen Lefzen, die Velázquez gemalt hat, da hingen seine gemalten spanischen Spitzen, hinter denen man das Fleisch der Königinnen wahrnimmt, und wenn man näher hinsieht, nichts als ein tachistisches Detail. Da hingen El Grecos unproportionierte Leiber, mit erhobenen Augen oder erhobenen Händen und mit Beinen, die keinen Boden unter die Füße kriegen. Da hingen die Greuel Goyas, die gezeichneten Paniken, die radierten Ängste. Da hing die Königsfamilie, die Goya gemalt hat, aber es waren Narren und Irre, die im Rahmen herumstanden, und die Königin war ein Gespenst.

Wir sahen den Wasserskiläufer in Boschs Garten der Lüste und die Männer, die bis zum Hals im Wasser stehen und an einem Klotz Weintrauben zehren. Das machte uns Durst, und wir

setzten uns mit dem Rücken zur José Antonia vor einen Jerez und sahen die ungewöhnlichen Madrider Frauenbeine an uns vorbeiflanieren. Dann tranken wir Bier vom Faß. Es war ein ganz hellgelbes Bier, und wir tranken ungeheuere Mengen, weil der Kellner fortwährend ins Salzfaß griff und zu jedem Glas Bier eine Sardelle spendierte.

In Toledo rebellierte Spaniens Psyche, im Escorial hausten seine Psychoanalytiker, in Valencia seine Psychotherapeuten. Philipp betete mit den Inquisitoren, der Cid heilte seine Stadt vor dem Kadi. Valencia an Spaniens attischer Küste atmet unter den Mantillas seiner Frauen, die über die Plaza schreiten, davon wird die Zunge trocken: beber es preciso. Noch einmal ließen wir den Korken aus der Rotweinflasche knallen und reichten sie reihum. Beber es preciso, handgeschrieben auf den Grenzsteinen vor Pamplona, auf den Brunnen hinter Huesca, auf den Mauern in Zaragoza, auf den Scheunentoren bei Guadalajara, auf den Kalkwänden zwischen Valencia und Barcelona. Es war die allspanische Reklame für ein Mineralwasser, die uns zum Roten animiert hatte, beba agua San Narciso, aber wir hatten es nie genossen.

Was willst du in Tarragona?

Sätze über Spanien, die nicht alle möglich sind

Puigcerdá, Seo de Urgel, Oliana, Artesa de Segre, Lérida, Borjas Blancas, Montblanch, diese und noch weitere wer weiß wieviel Namen, alles spanische Namen, du mußt das r rollen und das j wie in Bauch prononcieren, du mußt deine erste cerveza trinken, deinen zweiten Film einspannen, dein drittes Kloster besichtigen, dann ist es früher Abend, vielleicht sagt man besser: später Nachmittag, oder: Dämmerung, und: (Tarragona leuchtet golden im Lichte der untergehenden Sonne.) Das ist ein Satz aus Peter Bichsels »Jahreszeiten«, in Klammern.

Es ist tatsächlich so, du bist in Tarragona, aber du fragst dich: ist dieser Satz möglich? Er steht in Klammern, vielleicht sollte man ihn zusätzlich mit Anführungszeichen versehen. Was würde es ändern: Und was willst du in Tarragona? Die Straßen sind verstopft, du willst den Wagen wenden, da steht das Zigeunerkind, ohne Hände, mit nackten Armen, eine Pesete auf den rechten Stummel geklebt. Du weißt, was gemeint ist, und der Satz ist möglich, weil Tarragona notwendig ist, so (golden im Lichte der untergehenden Sonne) für den, der es so sucht und für den, der in ihm gefunden wird, armlos, aber am Leben erhalten.

Goldenes Tarragona und seine Elendsviertel, nebeneinander Mandel und Müll, Gewürzwind und Rauch aus verbranntem Eselsmist, zusammen die blauen Kuppeln der Levante und die weißen Fabrikgebäude sind die Kulissen eines Stücks von Brecht. Die Postkarten zeigen die pittoresken Ausschnitte, aufgetürmte Mauern, Zypressen und Oleander, kubistische Sichten in die Kompositionsschnitte Picassos am Ebro und Kamerablicke auf die Ungegenständlichkeit Polops, aber du selbst hast auch das Schlachthaus im Auge, die Kalkmühle, das haushohe Reklameschild und die Ölsardinenfabrik.

Im vertrauten Stil würde man sagen: wo der Blick des Touristen über altes Gemäuer schweift, sich in Olivenhainen verfängt, Kirchen mit Kakteen verbindet, ruht das Auge des Spaniers zufrieden auf seiner fábrica, die der Fremde nicht mag. Der Stolz Alicantes ist seine Aluminiumfabrik, *sie* ist nachts angestrahlt, *nicht* San Nicolás de Bari (»mit reich skulptierter Kuppel, schönem schmiedeeisernem Gitter am Chor, mit Altären aus geschnitztem, vergoldetem Holz, Kreuzgang mit churrigueresken Altären und Portal«).

Mas Blascos Haus in Reus liegt zwischen Palmen und Johannisbrotbäumen. Du gehst durch den Orangengarten, der Oleander duftet, aus dem Fischteich quaken die Frösche, der Gesang der Grillen hallt durch die schattige Allee, aber auf der anderen Seite der Mauer wühlt schon der Bagger unter den feudalen Fundamenten. Mas Blascos Idyll ist eine Illusion, der Bauschutt stäubt seine Apfelsinen, und die schiefen Korbstühle auf der Terrasse sind nur für einen Augenblick wie von Soutine gemalt.

Vorbei geht die Fahrt an Reklamewänden und Plastikzitronen, ein riesiger Holzadler bäumt für das Bier El Aguila auf, und von Zeit zu Zeit steigt »Veterano«, der schwarze Stier von Osbornes Kognak, aus den Weingehegen. Mal sind die Ziegen links, mal rechts, und zum sechsundzwanzigsten Mal erscheint ein Hotel Miami hinter der schönsten Kurve. Du wolltest Landschaft sehen, das Hartlaub der Levante, die Felsen der Costa Blanca, das Wasser eines berühmten Meers, aber sie gibt es nicht mehr ohne die konkreten Texte der Werbung. Landschaft ist ein visuelles Arrangement aus Wörtern geworden, Seitenwege sind unbefahrbar, Bauer und Esel ziehen über den Kies und reden miteinander. In ihrer Syntax regiert noch die Grammatik.

Du probierst einen Satz und sagst: Wenn der Wind durch den Oleander streicht, bewegt er die harten Blätter, und es klingt, als ob ein Wagen langsam über den Kiesweg käme. Oder du prüfst, ob es möglich ist zu sagen: Solange der Garten im Schatten liegt, sitzt man vor den Eisengittern des Bungalowfensters, die

Jalousien sind heruntergelassen, die fliegenden Ameisen an der Häuserwand, die Schnecken auf den Bäumen, die eine einzige Zikade im Geäst sind so empfindbar wie der Duft der Opuntienblüten und der Geruch des Pinienzapfens, der neben den Korbstuhl gefallen ist. Du siehst die Schwalben auf den Telegrafendrähten, als säßen sie auf Notenlinien: aber alle diese Sätze sind fatal und nur in Klammern möglich wie Peter Bichsels Satz über Tarragona.

Es sind Sätze, die man heute vergebens in Calpe ausprobiert. Das Dorf mit der Mudejar-Kirche liegt am Hang über dem Peñon de Ifach, einem Felsen, der die weißen Strände teilt. Du siehst die Hochhäuser zwischen dem Dorf und dem Felsen, die Bungalowsiedlungen an den sanften Hügeln, »La Cometa«, wo der Pinienzapfen neben den Klappstuhl gefallen ist, du liest das Wort urbanización, aber es ist so falsch wie der Peñon de Ifach ein falscher Felsen von Gibraltar ist.

Murcia liegt im gleißenden Sonnenlicht. Aber zur Pansstunde kannst du den Turm der Kathedrale nicht besteigen. So bleibt dir die üppige Huerta unsichtbar, vom Paseo del Melecon zeigt sich kein Licht der Stadt, kein Zigeuner spielt auf der Drehorgel, niemand flaniert über die sandige Terrasse des Paseo, und das falsche Gefühl aus Calpe macht Murcia schön, weil das, was du erwartet hast, nicht eintraf.

Baedeker versetzt dich im Palmenwald von Elche nach Afrika, das Responsorium der Priester in der Kirche La Virgen de Montserrat von Orihuela täuscht dir maurischen Singsang vor, Benidorm erscheint als Las Vegas (con orchesta – entrada 25 pesetas – snack bar – precios normal – restaurante abierto 18 bis 23 horas – comidas 110 bis 140 pesetas). Aber die Kehrseiten der Münzen sind immer die gleichen: es ist nur der Caudillo zu sehen.

Und so kommt auch nicht eines zum andern wie das gotische zum romanischen, das Renaissance- zum gotischen, das Barock- zum Renaissance-Portal der Kathedrale von Valencia (und wenn es kein Portal ist, so doch die zweistöckige Galerie an der Fassade bei der Plaza de la Seo). Der Rückblick auf die vergangenen Stile macht sie alle gleich. Der Stein ist vom Regen, das Holz vom Wurm, das Kupfer vom Grünspan benagt. Es regt sich der touristische Mut zur Antiquität. Ein Krug aus dem vorigen, ein handgeschriebenes Blatt aus dem vorvorigen, ein reliefierter Schrein aus dem vorvorvorigen Jahrhundert wechseln ihren Besitzer. Der Antiquar kauft sich am Ende der Saison eine habitacion im neuen Hochhaus à la Corbusier, du sitzt inmitten seines alten Krams, und selbst dein Lebensgefühl ist anerkannt restauriert.

Du hast dem Bettler eine Pesete gegeben, auch dem armlosen Kind in Tarragona, auch dem Irren mit dem nackten Klumpfuß in der Calle San Vincente in Altea. Du hast dein letztes Kloster besichtigt, deinen vorletzten Film eingespannt, deine vorvorletzte cerveza getrunken, du hast das R rollen und das J krächzen gelernt, wieder ist es früher Abend oder später Nachmittag und du liest Namen: Gerona, Mediña, Figueras, La Junquera. Das armlose Kind und der Klumpfuß haben dich nicht verfolgt. Sie haben dich nicht zerrissen. Einen Augenblick hast du an William Goldings »Herr der Fliegen«, an Tennessee Williams gedacht.

»... herausgerissen oder herausgeschnittene Teile von ihm mit ihren Händen oder Messern oder vielleicht mit jenen gezackten Konservenbüchsen, mit denen sie Musik gemacht hatten, sie hatten Stückchen von ihm herausgerissen und sich in ihre schmatzenden, wilden, kleinen, leeren, schwarzen Münder gestopft...« Aber das armlose Kind ist in Tarragona, der Klumpfuß ist in Altea geblieben. Sie proben die Gastronomie.

Riccione

wasser boote
schirme tücher
sonnensegel
menschenschar
autostraße
häuser gärten
hecken bäume
austauschbar

autostraße
wasser boote
häuser gärten
schirme tücher
hecken bäume
sonnensegel
austauschbare
menschenschar

häuser gärten
schirme tücher
autostraße
austauschbar
wasser boote
sonnensegel
hecken bäume
menschenschar

austauschbare
hecken bäume
häuser gärten

autostraße
menschenscharen
sonnensegel
schirme   tücher
wasser   boote

1959

Gil Blas bittet zum Veterano

Beobachtungen anläßlich einer Reise nach Spanien

Kein Wort vom Wetter ließ René Le Sage verlauten, als er Blas von Santillana von Santillana (»dort heiratete er ein kleines Bürgermädchen, das nicht mehr in der Jugendblüte stand«) nach Oviedo schickte (»dann bestieg ich mein Maultier und ritt zur Stadt hinaus«). Gil Blas hat recht getan, und wir taten es ihm nach, weil René Le Sage kein Wort vom Wetter verlauten ließ, das die biskayische Küste Spaniens trübt.

Santillana ist schön und antiquarisch wie zu Gil Blas' Zeiten, ein spätes Mädchen, geschrumpft und verhutzelt in der Sonne, eine Matrone mit Silberhaar, wenn der Nieseldunst auf den Dächern liegt. Der Tourist trägt den Fotoapparat auf der Schulter und den »blauen Führer« in der Hand; aber das Ofenrohr mit Teleobjektiv bleibt ungenutzt und kein Finger rührt an die Blätter des Buches. Was in die Ferne geht, sind die Gedanken, und das Wort »blau« läßt tatsächlich an Himmel und Wasser denken. Man jagt das Phantom mit subjektiver Scheu. Zu spät riskiert man ein Auge durchs Objekt, zu spät schickt man einen Blick hinter das verlockende »Blau«.

Bilbaos Klima ist »wegen des fast ununterbrochenen, feinen, Siri-Miri genannten Regens, feucht«, und »Oviedo ist eine hübsche, saubere, lebendige Stadt mit mildem, regenreichem Klima«. René Le Sage hat es verheimlicht, aber Gil Blas spendet Trost und bittet zum Veterano.

Man trinkt ihn vor Mittag als Apéritif, nach dem Essen als Digestif, das gleiche am späten Nachmittag, am Abend, wenn's sein muß, auch in der Nacht. Es ist ein spanischer Kognak, dessen Namen an Nestor oder Methusalem erinnert, aber er ist nicht biblisch wie das Gemäuer sein möchte, worin man ihn ausschenkt. Gil Blas, gebranntes Kind, bittet zum gebrannten Wein, und man fühlt es ihm nach, wie man sich selber fühlt.

Der Weg durch Kastilien ist ein Hinweg. Aber es ist ein touristischer Hinweg, und er führt zurück. Es ist ein Weg durch Sand und Hitze, durch Glut und Staub. Der Sand rinnt in den alten Uhren, und der Staub fliegt aus der Mottenkiste.

Zaragoza hält sich gut mit der Madonna. Doch ihr Marienkult ist ein surrealistischer Irrwitz. Eine Sparkasse heißt »Sparkasse zur unbefleckten Empfängnis«, Nuestra Senora del Pilar sieht aus wie der Kreml, Banken wie Kathedralen, Kathedralen wie Kasernen, Kasernen wie Hospitäler, und Hospitäler wie Banken. In Calatayud sind die Kirchtürme Minarette aus Ayubs Zeiten, Giambattista Marino sagte über Martial, der hier geboren ist: »Süße in Salz gemischt«, und er meinte es genauso paradox.

Auf der Meseta siecht das Leben hin. Das Land ist voller Motive für die Lyrik der fünfziger Jahre. Ockerfarbig ist das leere Flußbett, das Mauerwerk eines Dorfes verwittert, damit der Poet Echs und Schlange estimiert. Hier ist ein ausgeweidetes Haus an den Hügel gehängt, seit Jahr und Tag liegt Mönch auf Nonne, aber nicht einmal Moos deckt sie zu. Dort schlängelt sich ein Weg durch Staub und Sand. Die Sonnenblenden der Mopeds täuschen auf Schritt und Tritt. Sie sind in Stirnhöhe angebracht, und so trägt jeder Fahrer den schwarzen Papphut der Guardia Civil. Die Motoren lärmen durch die Mais- und Rebenfelder und schrecken den Passanten, der nichts Böses ahnt. »Der Lärm war veranlaßt durch das Eintreffen des Korregidors, dem zwei Alguasile und mehrere Häscher folgten«, erzählt Gil Blas. Niemand vermutet, daß er die Guardia Civil nicht gekannt habe.

Madrid hat Baukräne und Gerüste aufgeschlagen. Die Blicke der Fremden jedoch gehen zwischen den Stäben und Rädern hindurch auf den Müll der Jahrhunderte. Auf dem Rastro stöbern sie im antiquarischen Plunder, im Prado begegnen sie den Bildern aus ihren Schlafzimmern. Erschaudern sie noch vor

Goyas Greueln, bewundern sie noch Velázquez' Theatralik, oder staunen sie nur noch über die Gelassenheit verzweifelter Kopisten? Die Plaza Mayor steht abgetakelt in der Sonne, Gautiers Beschreibung der Puerta del Sol trifft nicht mehr zu, nur »der gezähmte Zahn der Löwen knirscht auf Cybeles Zügeln«. Die Plaza de la Cibeles läßt an Ovid und an die Fremdwörter in den Gedichten Gottfried Benns denken. »All diese griechischen Worte riechen stark nach meinem Onkel Thomas; ohne ihn wüßten wir nicht, daß in Athen die Kinder weinten, wenn man sie schlug«, sagte der Barbier zu Gil Blas.

Toledo ergraut unter den fremden Händen. Ein Amerikaner mit Stars and Stripes am Hemd faßt die betagte Mauer der Casa El Greco an. In Santo Tomé greift er über das Gitter, das El Grecos Gemälde schützt. Graf Orgaz atmet nicht mehr, die trauernden Mönche und Honoratioren sehen alle wie Brüder aus, und auch der Amerikaner ist wie von El Greco gemalt. Sein abgezehrtes Gesicht ist nach oben gerichtet. In der Kathedrale täuscht ihn die barocke Illusion an der Decke. Er schaut in den Himmel, von wo ihm der Bärtige die nackten Beine durch die Wolken entgegenstreckt.

Das Schloß in Aranjuez ist nicht belebt von Schillers Komödianten. »Don Carlos« geschieht nicht mehr auf den quadratischen Steinplatten. »Die schönen Tage in Aranjuez« lauten die ersten fünf Jamben, und obgleich Domingo sagt: »... sind nun zu Ende«, hält man seine Füße ins Wasser des gefaßten Beckens, damit man nicht zu klagen braucht: »Wir sind vergebens hier gewesen.«

Abweisend sind die faschistischen Züge des Escorial. Autoritär und hierarchisch gebärden sich Grundriß und Fassade. Die herben Quader sind in den Guadarramabergen gebrochen, wo Napoleon die aufständischen Heroen erschoß. Philipps Sterbezimmer hat einen Durchstich zur Kirche. Aus der staatlichen

Brutalität begab er sich ohne jede Umschweife zur Unbarmherzigkeit seines Gottes. Aber der eisige Hauch im Pantheon ist nicht der Schauder über den Rücken, sondern die Kälte der Marmor- und Porphyrplatten. Die Gräber der Könige liegen im Kühlfach dieses politischen Supermercado, die Infantengräber stammen aus einem amerikanischen Film. Die Touristen recken die Hände, sie sind die Akteure eines Stücks, dessen Text sie nicht kennen. »Man versicherte mir, daß man meist die Stücke beklatschte, von denen die Komödianten eine schlechte Meinung hatten, und daß umgekehrt solche, die sie beifällig aufnahmen, fast immer ausgezischt wurden«, heißt es bei Gil Blas. Aber das tägliche Theater im Escorial hat die Akteure auf Vordermann gebracht.

Valladolid, hoch an Jahren, behält seine Geheimnisse für sich. Der Palacio Real ist verkalkt, nur die Kirchen und Kapellen sind blank und proper. Ferdinand und Isabella hatten die Rechnung mit dem Wirt gemacht. Philipp hatte es nicht vergessen. Im Palast des Grafen von Ribadavia ist er geboren, auf der Plaza Mayor ließ er das erste Autodafé zelebrieren. In Linie parken die Touristenautomobile, dieweil die Einheimischen gespannt in der Runde sitzen. Der Wagen des Amerikaners ragt aus der Parklücke, ein Polizist schreitet ein. Er ist der moderne Inquisitor, und der anglikanische Ketzer duldet die Folter einer fremden Sprache. Sein Kapital steckt in den neuen Gebäuden der Stadt, und selbst Kolumbus auf seinem Sockel blickt sehnsüchtig auf die Telefunkenreklame. Er kniet unter dem Engel, dessen Röcke wie Segel wehn. Doña Camilla hatte zu Gil Blas gesagt: »Es gibt so viele Schelme in Valladolid.«

Aber der »blaue Führer« verspricht stilles Glück und verborgene Schätze. Man folgt seiner Verheißung, scheut keinen Weg durch Wüste und übers Gebirg. Jedoch es gibt keine ziselierten Waffen in Eibar, keine Leinwandschuster an den Haustoren in Azpeitia, keine Baskenmützenschneider in Tolosa. Es kreischen Sägewerke und dröhnen Papiermühlen, damit diese Vorwände für Worte gut sind, die man später schreibt.

Schließlich gibt es doch das Meer, schäumend an der Mole von Santander, schaumig am Strand von Suances. Man badet mit blauen Lippen, dann spaziert man erfrischt zur blauen Stunde. Der »blaue Führer« hat es gewußt: das Leben ist schön. Auf den Platten des Bürgersteigs hallen die raschen Schritte, und man dreht sich verdutzt um. War es das Geklunker des Damenschuhs, oder waren es die Sporen Gil Blas'?

Nicht nur der Schuhputzer in Majorsuniform an der Ecke Alcalá/Gran Via, oder die Führerin im Schwarzhemd mit Schulterklappen im Escorial, oder die schöne Komparsin im Supermini auf der José Antonio, oder der Capitano der Guardia Civil im Ayuntamiento gehören zur iberischen Operette. Die Chargen agieren in echten Kulissen; und wenn Fichte und Rüster, wenn saftiges Gras der Wiesen die sanften Terrassenprospekte bildet, dann nimmt es nicht wunder, wenn das Musical vom üppigen Wachstum handelt. »Es grünt so grün, wenn Spaniens Blüten blühen«, heißt es in »May Fair Lady«. Der Tourist begibt sich unbefangen in die Story der Operette, Spanien umfängt ihn positiv.

Selbst noch der Teufel am Rockschoß der Madonna von Santillana gleicht Ferdi Welters »Frosch«, und der Glanz der Macht ist nicht mehr die Brillanz des schönen Philipp, sondern nur die Brillantine auf den gescheitelten Schöpfen. Es riecht nach Tran und Tradition. René Le Sage hat es verschwiegen, aber der Veteran von Santillana bittet zum alten Kognak. Doktor Sangrado sagte zu Gil Blas: »Trinkt, meine Kinder! Die Gesundheit besteht in der Geschmeidigkeit und der Einweichung der Teile.«

Nun ist wieder September. Der Sommer hat ausgedient, die Sonne abgewirtschaftet. Der Tourismus hat eingepackt, und die Rückfahrten sind Hinwege geworden. Was heißt Veterano? Was bedeutet Patriarch? Wer von Santillana nach Oviedo zog (wahrscheinlich im biskayischen Nieselregen), das war Gil Blas von Santillana senior, ein Greis. Schließlich sind auch Wracks und Ruinen nichts anderes als Vorwände für Worte gewesen.

Das Picknick in der Huerta

In der Huerta von Valencia gibt es einen Feigenbaum. Er ist grün. Die Huerta rund um diesen Feigenbaum ist blaßgrün, blaugrün, dunkelgrün, flaschengrün, gelbgrün, giftgrün, grasgrün, graugrün, hellgrün, mandelgrün, mattgrün, meergrün, olivgrün, schilfgrün, tiefgrün, reseda und khaki. Aber der Feigenbaum ist nur grün, in allen Schattierungen, aber nur grün wie die Bäume auf einem Bild von Manet. Das Land um diesen Feigenbaum herum ist flach, ein langer, schmaler Strich am Meer entlang. Dieser Strich ist sandig, mal fein-, mal kieselkörnig, aber überall fließt Wasser. Es gibt den Fluß Turia und seine Nebenflüßchen, es gibt Bäche und Kanäle, Teiche und Rinnsale, und über dem Sand liegt der grüne Schleier von Gartenbeeten. Und dann und wann ein grüner Polizist!

Rund um diesen Feigenbaum sind Äcker und Felder angelegt. Bauern in umgekrempelten Leinwandhosen hacken und jäten, lichten und schneiden auf den Fluren und in den Hainen. Es sprießen Hanf und Getreide, Bohnen und Mais; das Gras ist grasgrün, der Mandelbaum ist mandelgrün, der Olivenbaum ist olivgrün, das Schilf ist schilfgrün, die Reseda reseda und der Polizist khaki.

Unter dem Feigenbaum steht jetzt ein Klapptisch. Die haarigen, fünflappigen Blätter des Baumes hängen über Schüsseln und Tellern, über Flaschen und Gläsern. Hier duften Reis und Zwiebeln, Wein und Tabak. Im Schatten der Feigenblätter bewegen sich Hände über den Tisch, ein Glas wird gehoben, ein Messer wird in ein Stück Käse gestoßen, ein Flaschenkorken knallt. Es ist auch Gelächter zu hören. Trotz rascher Bewegung sind Männer und Frauen zu unterscheiden. Sie reichen sich Brot und Tomaten über den Tisch, eine Rotweinflasche geht rund, ein Streichholz flammt auf. Einer der Männer trägt einen Hut, obwohl der Feigenbaum genügend Schatten spendet. Ein Mädchen mit grünem Kleid balanciert über die betonierte Rinne eines Bewässerungskanals. Die Szene ist ein Frühstück im Freien, ein Picknick im Grünen, und wenn man genau wüßte, wie es kommen wird, würde man jetzt schon sagen: Es ist ein Bild von Manet.

Aber dafür ist der Blickwinkel noch nicht eng genug. Die Augen gehen über die Gewanne der Ebene hinweg, wo hinter den geometrischen Grünstreifen die weißen Barracas liegen. Dort ist das Schilf der spitzen Dächer nicht mehr schilfgrün, und die Frauen mit dem glatten, schwarzen Haar lärmen lautlos auf den Tennen. Fremde Farben und Geräusche sind nicht für diese Picknickszene bestimmt und halten sich am Horizont. Dort fahren Autos vorbei. Sie fahren durch blaßgrüne Felder, durch dunkelgrüne Äcker, durch hellgrüne Fluren, durch mattgrüne Auen, durch grasgrüne Wiesen, durch tiefgrüne Rabatten. Sie fahren durch die Exportgüter der Agrikultur, durch Apfelsinen, Melonen, Zwiebeln, Erdbeeren, Reis, Erdnüsse, Oliven, Wein, Tabak und Nelken. Sie fahren durch Blasco Ibáñez' Metaphern und durch Sorollas Impressionen. Sie fahren durch die Color-Objekte der Out-Spain-Reklame und durch die kleinen touristischen Hoffnungen hindurch. Und dann und wann ein grüner Polizist!

Die Frühstücksszene unter dem Feigenbaum bleibt unberührt von diesem Treiben auf der Straße. Noch in diesem Augenblick tauschen die Männer und Frauen an dem Picknicktisch die Plätze, weil nicht jeder in der Sonne sitzen will. Aber da steht auf einmal Pan im Ziegenfell, bocksfüßig, bockshörnig, bocksschwänzig, »schreckte sie auf und jagte zunächst ihnen plötzlich Furcht ein«. Da steht Silen, mit zottiger Brust, dick, rund, stumpfnasig, »berauscht, mit dem Stabe die schwankenden Glieder gestützt und – schneidig nicht eben – den Bauch eines Esels umklammernd«. Da steht der Satyr, mit Pferdeohren, »es hangen ihm links und rechts um die Schläfen die Eicheln«. Oder ist es Adam, der da steht, »und flocht Feigenblätter zusammen und machte sich einen Schurz«?

Die Picknickgruppe bricht in Gelächter aus, und in diesem Augenblick könnte die Szene Raffaels Urteil des Paris sein, zwar mit getauschten Rollen, weil der Apfel an den Adam, den Satyr, den Silen, den Faun, den Bacchus fällt. Aber die Szene schrumpft zur Miniatur, und nur die Flußgötter am Bildrand scheinen zur Preisverleihung aus den Bewässerungskanälen gestiegen zu sein. Keine Hera, keine Athene weint. Das Wasser der Huerta rauscht ungerührt zwischen den Steinen, staut vor den Wehren, fließt in die Felder über und schwemmt die nicht vergossene Träne zwischen die Zwiebelpflanzen.

Der Kupferstich Marcanton Raimondis füllt sich mit See-, mit Meer-, mit Schilf-, mit Flaschengrün; Manet schaltet sich ein und führt seinen beeindruckten Pinsel über die Szene. »Er nahm die beiden Götter, zog ihnen Röcke und Hosen an, versah sie mit Taschenuhren, setzte dem einen ein Barett auf den Kopf und gab ihm statt des Schilfstengels einen Spazierstock in die Hand. Nur das Mädchen ließ er nackt, weil es ihm so wohl gefiel. Das heißt, um es ganz genau zu sagen, er nahm drei Pariser Modelle und ließ sie in den von Raffael vorgesehenen Stellungen posieren; wobei es sich dann ergab, daß man bei etwas veränderter Haltung bequemer sitze.«

Nun steht das Mädchen mit dem grünen Kleid in der betonierten Rinne, schürzt sein Kleid über dem raschen, klaren Wasser, bückt sich, und tatsächlich ist Manets Frühstück im Freien aus dieser Szene geworden. Die Männer sitzen bequem im Grünen, Bacchus, Faun, Silen, der Satyr oder Adam ist zur nackten Frau verwandelt. Sie sitzt auf ihrem blauen Kleid, »und man kann sich nichts Häßlicheres vorstellen als den Herrn, der sich neben ihr ausgestreckt hat und nicht einmal auf die Idee gekommen ist, unter freiem Himmel seinen scheußlichen weichen Hut abzunehmen«.

Die Figurengruppe unter dem Feigenbaum ist in Bewegung geraten. Während die Autos am Horizont ihre heimischen Geborgenheiten fichtengrün, pappelgrün, moosgrün, birkengrün, tannengrün, laubgrün, weidengrün aus der Ferne herbrachten, fährt ein Bauer mit einem Eselskarren an dem Feigenbaum vorüber und bringt sein Mandelgrün, sein Olivgrün und sein Schilfgrün sicher in die Scheune. Er schreckt die Manetgruppe aus der Mittagsplauderei, und siehe da, es ist gar kein ländliches Fest in der Huerta.

Da liegt der gelbe Strohhut mit dem schwarzen Band und der dunkelblauen Schleife, die aus demselben Stoff wie das Kleid gemacht ist. Auf dem blauen Tuch liegt der Picknickkorb mit Pfirsichen und großen grünen Blättern. Eine braungebackene Semmel und eine vierkantige Flasche sind herausgefallen. Es sind Menschen aus der Stadt, auch sie haben ihr Tundragrün, ihr Islandgrün, ihr Moselgrün mit hierhergebracht. Es mischt sich mit dem sanften Chlorophyll der Huerta, und »just dieser Gegensatz zwischen einem Tölpel, der so gar nicht in eine ländliche Szene paßt, und der hüllenlosen Badenden, ist so verletzend«.

Das, was jetzt durch die heiße Luft der Gärten tönt, muß ein bacchanalisches Gelächter genannt werden, das Augen und Ohren, Nasen und Kinnbacken aus den Gesichtern stößt. Sie verzerren sich zu Rauten und Dreiecken, während das Lachen lauter und lauter schallt. Nun ist die Gruppe nicht mehr Raimondis Stich nach Raffael, nicht mehr Manets Gemälde nach Raimondi, nicht mehr Wynn Chamberlains Kunstharz, nicht mehr Alain Jacquets Serigraphie nach Manets Gemälde. Die Figuren sitzen seitenverkehrt unter dem Feigenbaum. Sie sind unkenntlich geworden zwischen den verwandelten Dingen. Die Gesichter sind neu zusammengesetzt. Es ist Picassos Linolschnitt. Er ist persilgrün, underberggrün, deutzschleppergrün.

Dann ist auch der Eselskarren an dem Feigenbaum vorbeigefahren. Der Esel bewegt sich nach wie vor gemessen zwischen den Deichselstangen, kein Silen hält seinen Bauch umklammert, kein Duft nach Wein bläht seine Nüstern. Er scharrt den alluvialen Kies in die Lexika und die Sammelbüchsen der Touristen. Der Bauer greift zuweilen in das matte Grün. Doch die beiden großen Räder mahlen seine Zuversicht zu Brei. Der

Esel setzt die Hufe darüber hinweg, das Schilf im Karren dörrt, und der hagere Bauer neben den Rädern hat kein Auge mehr für den Kompost. Jetzt zählt auch er die Steine mit den Schuhen. Staub wirbelt auf und legt sich auf das helle, matte, blasse, blaue Grün.

Nur hinten ist der Karren noch lebendig. Aus dem Schilf ragt eine Stange, ein einfacher, gerader Stab, vielleicht ein Rebenpfahl. Aber der trockene Stab blüht. Es sind rote Nelkenblüten, blaue Zwiebelblüten, weiße Weinblüten. Während das gleichmütige Gespann durch die Huerta zieht, bricht der Thyrsus üppig aus und blüht, um einen Satz Baudelaires zu bestätigen.

Aber die Frage, »ob die Blumen und die Weinranken für den Stab gemacht sind oder ob der Stab nur ein Vorwand ist, um die Schönheit der Blumen und Ranken zu weisen«, ist selbst der Vorwand, es zu sagen. Das bäuerliche Dreigespann biegt um die Ecke eines Mandelhains, und der Huerta von Valencia mit ihrem Feigenbaum ergeht es dabei wie Sorollas Meer, das nur wegen der meergrünen Farbe da ist. »Ein Bild ist so etwas wie die Enthüllung irgendeines kleinen Teiles einer geheimnisvollen Welt, von der wir viele andere Aspekte kennen«, sagt Marcel Proust.

(Zitate aus Ovids Metamorphosen, übersetzt von Erich Rösch; von Bürger-Thoré und Gustav Pauli aus »Manet« von G. Jedlicka.)

Es ist Mai, wir sitzen auf der Piazza Pitti

Es ist Mai, Bacchus sitzt an der Piazza Pitti. Er sitzt auf seiner Schildkröte und reitet in die Boboli-Gärten. Nichts ist verborgen, versteckt, verdeckt, verhüllt, verkappt, verkleidet, verschleiert, versiegelt, versperrt, vergraben. Bacchus sitzt nackt, mit prallen Schenkeln und mit fettem Wanst auf seiner Schildkröte und spreizt die Finger der rechten Hand. Die linke hat er in die Seite gestemmt, und so reitet er in die Boboli-Gärten. Es ist Mai, die Schildkröte ist aus ihrem Winterschlaf erwacht, sie speit Wasser und setzt zu einem sanften Galopp an. Sie ist älter als vierhundert Jahre, nie hat sie einen Bissen zu sich genommen, aber sie greift tapfer aus und trägt Bacchus in die Boboli-Gärten. Er ist Lenaeus, der Kelterer; man ruft: »Eleleu!« und er ist Eleleus; er ist Bromius, der Lärmer; man ruft: »Euan!« und er ist Euhan; er ist Lyaeus, der Sorgenlöser; man ruft: »Iacchus!« und er ist Iacchus; er ist Thoneus, der Brauser, aber er und die Schildkröte sind nie angekommen, obwohl Bacchus die Schildkröte unverdrossen zum Laufen ermuntert.

Valerio da Settignanos steinerne Hornplatten sind unbeweglich, sein marmornes Fleisch ist starr. Wer vorbeigeht, klopft Bacchus auf den feisten Bauch, aber Bacchus kümmert sich nicht um verborgene Gefühle, um versteckte Gedanken, um verdeckte Peinlichkeiten, um verhüllte Schenkel, um verkappte Lüste, um verkleidete Gewöhnlichkeiten, um verschleierte Brutalität, um versiegelte Treue, um versperrte Freiheit, um vergrabenen Trieb. Bacchus trägt den Fleck, den die Leute ihm auf den Bauch geklopft haben, weil Settignanos Marmor hart und unverwüstlich ist. Der Marmor ist an dieser Stelle speckig geworden, obgleich den Leuten nur ihr mageres Innenleben auf die Hand gerät.

Die Leute kommen in Scharen über die Piazza Pitti, Italiener aus Italien, Franzosen aus Frankreich, Engländer aus England und Deutsche aus Deutschland. Es ist Mai, schon liegt Staub auf den Autos, Lehm auf den deutschen, Kreide auf den englischen, Sand auf den französischen und Terra di Siena auf den italienischen. Die Parkwächter wachen, winken und weisen ein, und im Nu ist die ganze Piazza ein Wagenbeet. Es ist Mai, und es blüht auf der Piazza Pitti, blaue Volkswagen und rote Opel, gelbe Austins und weiße Alfa Romeos. Es gibt Käfer und gelb-schwarze Admirale, eine bunte Maiwiese zwischen der Häuserwand und dem Palazzo. Kein Wagenrad rührt sich mehr bis zum Abend, bald schlagen Motorhauben und Dächer aus: Rüben aus dem Lehm, Gras aus der Kreide, Korn aus dem Sand, Wein aus der Terra di Siena. Die Leute setzen den Chianti an den Mund und spülen den Staub hinunter.

Inzwischen ist Bacchus auf seiner Schildkröte keinen Schritt vorwärts gekommen. Die Leute eilen an ihm vorbei, klopfen ihm auf den Wanst und steigen zu den Boboli-Gärten empor. Bacchus redet nicht aus einem hohlen Bauch, und die Leute steigen ungewarnt in die weiten Prospekte. Vor ihnen breitet sich die Stadt aus, aber in ihrem Rücken liegen zwischen Farnen und Moos, unter Pilzen und Flechten verborgen die Grotte von Buontalenti, versteckt der Teich mit den Fischen, verdeckt die Bänke aus Marmor, verhüllt die Figuren von Giambologna, verkappt die Fontana dell'Oceano, verkleidet der alte Neptun, verschleiert die Große Allee, versiegelt das Beet mit den Rosen, versperrt das Amphitheater, vergraben das Goldstück des Tribolo. Es ist Mai, aber die Leute gehen zwischen Wurmfarn und Goldnem Frauenhaar, und auch sie verheimlichen ihr inneres Blühen.

Während Bärlapp und Lebermoos das Grün der Boboli-Gärten mischen, während Fontänen das Blau der Augen spiegeln, während Marmorkopien das Weiß und die nackte Unschuld probieren, während so die Leute ehrerbietig Boskette, Brunnen und Brüste feiern, folgt der Asphalt der Piazza einem Satz Malapartes und blüht, vielleicht weil »wir die Intelligenz wie Blütenstaub auf die Steine übertragen und daraus Kirchen und

Paläste, männliche Türme und weibliche Stadtplätze entstehen lassen«. Im Reiseführer heißt es, das Sinnbild dieser Stadt sei eine Blume, und auch ihr Name erinnere daran, sie selber gar sei eine Blume, und sie sei die schönste Blüte der Kultur. Aber auf der Piazza Pitti blüht das Blech der Automobile; es ist Mai, wir sitzen auf der Piazza, dieweil die Leute das Chlorophyll und den Marmor der Boboli-Gärten lieben, und wie überall sind nicht nur die Pinien kryptogam.

Dostojewskij verließ die Piazza, weil sie Phantasie und weil er selbst Phantasie dieser Phantasie gewesen war, »obwohl hier ein wundervoller Himmel ist... ist das schlimmer als Verbannung nach Sibirien«. Carlo Levi war aus der Verbannung gekommen, er hatte die Berge Lukaniens verlassen, kam über Eboli »durch die geometrisch eingeteilten Felder der Romagna« »in jene geheimnisvolle Zukunft der Exile, der Kriege und der Toten« hierher an die Piazza Pitti. Anna Maria Ichino hielt ihn unter Schleiern und Gardinen, hinter Masken und Hüllen, in Schlupflöchern und Katakomben versteckt.

Die Leute gehen an der Häuserfront vor der Piazza entlang. Sie kommen von der Porta Romana und eilen zum Ponte Vecchio, oder sie kommen vom Ponte Vecchio und eilen zur Porta Romana, sie gehen an Anna Maria Ichinos Tür vorbei, sie gehen an der Tür des Rahmenhändlers vorbei, sie gehen an der Tür vorbei, durch die Dostojewskij vor hundert Jahren gegangen war. Dostojewskijs Tür ist verschlossen. Als er für immer fortging, hat er sie zugetan. Aber es gibt nichts hinter dieser Tür als einen Dostojewskij, den es nicht gibt. Er ging wieder nach Rußland zurück, um ein Stück Wirklichkeit zu werden. Hinter dieser Tür an der Piazza Pitti schrieb er die letzten Sätze des »Idioten«. Lisaweta Prokofjewna sagt: »All das hier, euer ganzes Europa, alles das ist nur Phantasie, und wir Russen, wir alle hier im Ausland, sind nichts als Phantasie.« Die Tür des Rahmenhändlers steht offen, und an den niedrigen Wänden der Werkstatt sieht man die Rahmen hängen, quadratische Rahmen, rechteckige Rahmen, kreisrunde Rahmen, ovale Rahmen, Rahmen für Andrea del Sartos quadratische »Verkündigung«, Rahmen für Fra Bartolommeos rechteckige »Beweinung«, Rahmen für Michelangelos kreisrunde »Heilige Familie«, Rahmen für die ovalen Wirklichkeiten des Gruppo Settanta. Europa präsentiert sich als Objekt, und Dostojewskij floh vor einem Mißverständnis.

Aber Anna Maria Ichinos Tür ist nicht zu finden, denn an der Piazza Pitti ist eine Tür wie die andere. Eine Tür wie die andere liegt neben einer anderen Tür wie eine andere, dahinter immer der gleiche dunkle Flur, die vier halben Treppen, die Licht- manchmal unter den Klingel-, die Klingel- manchmal unter den Lichtschaltern, dann folgt eine halbe Stiege, wieder eine Tür wie jede andere Tür, Gänge, die nach links, und Gänge, die nach rechts führen, Gänge, an denen geschlossene Türen liegen mit unbekannten Bewegungen dahinter, und Gänge, an denen die Türen offenstehen und hinter denen nichts geschieht. Da gibt es Zimmer mit Pfühlen und Bildern, mit Tischen und Stühlen. Eine sechste Treppe führt unter das Dach, und Anna Maria Ichinos Dachgarten schaut über die Piazza Pitti.

Es ist Mai, die Piazza blüht mit Austins und Alfa Romeos, Käfer schwirren, und gelb-schwarze Admirale schaukeln über die markierten Beete. Die Leute schreiten jetzt im Palazzo über die geblümten Teppiche oder spazieren durch die blütenlosen Pfade der Boboli-Gärten. Nur die Piazza blüht, im Palazzo blättert der klassische Gips, und in den Boboli-Gärten grünen die Marmorkopien zwischen den geometrischen Hartlaubhekken. Die Leute steigen durch die klassischen Schuttabladeplätze, sie streicheln die anämischen Madonnengesichter Botticellis und berühren Neptuns Dreizack; aber auf der Piazza Pitti blüht das Blech ihres Jahrhunderts.

Anna Maria Ichino steht auf dem Dachgarten ihres Hauses, klein und verwachsen, schmal und schwindsüchtig. Sie raucht eine Zigarette und schnippt die Asche über die Brüstung. Sie reicht mit ausgestreckten Armen nicht an den Wäschedraht. Aber sie sieht zu ihm auf, dort sitzt eine Taube, und es ist Mai. Sie steigt nicht durch ihr Treppenhaus hinab auf die Piazza, aber sie faßt die sonnenbestrahlte Brüstung ihres Dachgartens an, und es ist Mai. Sie begibt sich nicht ins Gedränge des Palazzo Pitti, aber sie betrachtet Carlo Levis Gemälde an ihren Wänden, und es ist Mai. Sie raucht eine Zigarette, sie hustet, aber sie atmet auch die warme Luft, die über das Dach streicht, und es ist Mai. Anna Maria Ichino schaut über die Piazza Pitti, und das was sie verbirgt, versteckt, verdeckt, verhüllt, verkappt, verkleidet, verschleiert, versiegelt, versperrt und vergräbt, kommt jetzt von selbst zum Vorschein und will blühen.

Die Taube auf dem Wäschedraht weiß schon, daß sie zu ihrem Brot auch *caffè con latte* bekommen wird, die Brüstung des Dachgartens ist warm, Carlo Levis Gemälde erinnern wieder an das Ende der freiwilligen Gefangenschaft, und die Mailuft aus den Boboli-Gärten dämpft die großen dramatischen Gebärden der Renaissance. Die gemalten Menschen im Palazzo Pitti mildern ihre Mienen, manche werden gar zu glatten Raffaelgesichtern.

Noch leidet Sodomas heiliger Sebastian an den Pfeilen, die durch Hals und Schenkel ragen, aber schon lächelt er mit dem Engel und lechzt nach seiner Berührung; noch kreisen Fra Bartolommeos Heiligenscheine über dem Beweinten und den Weinenden, aber schon sind die Tränen versiegt; noch rafft Andrea del Sartos Maria den Rock vor den Schenkel, aber über die Balkonbrüstung beugt sich schon König David und schaut nach der schönen nackten Bathseba; noch trägt Parmigianinos *Madonna con collo lungo* ihren kahlen Knaben auf dem Schoß, aber schon spreizt die elegante Dame die Finger über der Brust und lockt das Verborgene, das Versteckte, das Verdeckte, das Verhüllte, das Verkappte, das Verkleidete, das Verschleierte, das Versiegelte, das Versperrte, das Vergrabene hervor.

Die gemachten Wirklichkeiten sind die Phantasie, die Dostojewskij nach Sibirien trieb, Kirchen und Paläste, Türme und

Plätze Michelangelos. Heute ist es Persio Nestis italienischer Goethe in der Via dell'Erta Canina, sind es Miccinis Aufstellgegenstände und Pignottis Hör- und Schaugedichte bei Feltrinelli in der Via Cavour. Die naiven Wände der Piazzale Galileo sind von Ottone Rosai für Dostojewskij gemalt, und die Schutzbleche der Piazza Pitti blühen für die Happenings auf dem Autofriedhof von Carcasci Giovanni.

Ein Wärter in Uniform erscheint hinter der Fontana dell'-Oceano des Giambologna. Der Pfiff seiner Trillerpfeife hallt über Marmor und Schachtelhalm. Neptun zuckt zusammen. Er sticht mit seinem Dreizack in den Schachtelhalm. Der Halm ist hohl, und hohl ist Neptun selber. Die Leute verlassen die Boboli-Gärten und kehren auf die Piazza zurück. An der Ecke des Palazzo sitzt Bacchus auf seiner Schildkröte und reitet. Er ist prall, und er ruft etwas aus dem vollen Bauch. Aber die Leute eilen an ihm vorbei. Sie suchen ihre Autos auf der Piazza. Auch aus dem Palazzo treten jetzt die Galeriebesucher und drängen sich zwischen Kotflügeln und Stoßstangen. Bärlapp und Lebermoos sind der Grünspan der Boboli-Gärten. Neptuns Dreizack rostet, Raffaels *Maddalena Doni* schuppt sich unterm Kinn. Die Leute sind Italiener aus Italien, Franzosen aus Frankreich, Engländer aus England und Deutsche aus Deutschland. Sie sind die Phantasie Dostojewskijs, und sie sehen nicht, wie der Asphalt der Piazza Pitti Blüten treibt. Obgleich es nichts Verborgenes gibt, nichts Verstecktes, nichts Verdecktes, nichts Verhülltes, nicht Verkapptes, nichts Verkleidetes, nichts Verschleiertes, nichts Versiegeltes, nichts Versperrtes, nichts Vergrabenes, sehen sie nicht, wie sich Bacchus auf der Schildkröte müht. Anna Maria Ichino steht auf dem Dachgarten und atmet. Wir rufen: »Eleleu!« Wir rufen: »Euan!« Wir rufen: »Iacchus!« Es ist Mai, wir sitzen auf der Piazza Pitti.

Palazzo Dario
Venedig 69

Théophile Gautier
Venedig

Es windet sich ein schönes Weib
auf bunten Stufen aus der Flut,
die nackte Brust in Perlenglut,
mit rosigem und weißem Leib.

Die Dome in dem blauen Meer,
umgrenzt von reiner Linien Lauf,
wie Brüste schwellen sie sich auf,
von Liebe und von Schmerzen schwer.

Die Gondel schwebt zum Ufer hin,
der Rudrer wirft das Tau hinaus,
bis ich vor meinem roten Haus
den Marmorsteig erklommen bin.

Übersetzt 1949

Schäfchen zur Linken

Ligurische Reisenotizen

Daß behutsam gefahren werden müsse, weil's für die Empfindungen am besten ist, sich nicht damit zu übereilen, war die touristische Erkenntnis Laurence Sternes; sich endlich Zeit zu lassen mit einem Mauleselgespann durch Savoyen nach Turin, wo wir aber im Mittagsverkehr die Abzweigung nach Savona verpaßten. Schon wollte die Ungeduld reifen, schon wollte deutsche Poetenschwermut obsiegen, schon wollten wir also Johannes Poethens »unlösbaren Zeichen in der Hoffnung des Wegs« verfallen, da waren Schäfchen zur Linken, und das Glück tat uns winken.

Aber als die ultramarine Fläche sich wölbte, als Kobaltblau und Veronesergrün erschienen, da blühten Zitrus und Oleander für verspätete Verse, Rosmarin und Thymian dufteten nach Gedichtbuchpapier, und Pinien und Steineichen waren die Methaphernrequisiten der fünfziger Jahre. Der Dunstschleier hob sich hinter dem Proszenium, Paul Celan und Ernst Meister agierten zwischen Zypressenstaffagen und Agavenkulissen.

Ligurien ist die ausgestattete Landschaft der deutschen Seele, Pans Stunde ist nicht mehr lateinisch, sondern tief, denn »du wirst mit den Krügen schlafen«. »Sand aus den Urnen«, »Sand in den Krügen«, der Blonde ließ Wüste wachsen, wo Mischwald gedieh, und die Strände von Laiguelia und Diano Marina sind nur noch mit Kieseln bestückt.

Trat Poethen hier »in den Steinkreis des Traums«, schlief Celan hier »im Aschenkraut«, rief Meister hier »die Schatten der Mysten von Eleusis herbei«? Der »ratlose Durst« des Viehs und die »Schwermut« der Esel sind die Reste der Inventur von gestern. Heute sind Schäfchen zur Linken, aber die Schäferin mit dem Trachtenschurz ist in Kupfer gestochen.

Kaltblütig ist die erste Sonne Liguriens, die Gino in den Nacken sticht, den alten Capitano in seinen Pfirsichgarten treibt, die Frau des Weinhändlers auf ihre Loggia hinter die Geranienkübel und den friedfertigen Veitstänzer über die blühende Mauer der Klinik, wo er die gelbe Miere ergreift.

Da liegt Marina di Andora, die Sonne wirkt auf Lauch und Zwiebel, Wein wächst auf zweijährigem Holz an einjähriger Rebe, der akkurate Schnitt betört den Gartenfreund. Lateinisch wälzt das Meer die Woge an den Strand, das grüne Hinterland ist diapositiv.

Im Fond dieser Bühne dehnt sich das Wadi des Mèrula, mit Eidechsen zwischen den Kieseln und Ringelnattern in den Pfützen. Im Bachbett bröckelt eine mittelalterliche Brücke, über die Alessandra zu ihrer Tante radelt. Die Tante trägt einen dicken Schlauch über der Schulter, der Onkel hält sein Ende fest, so netzen sie den Pfirsichgarten, Blumenkohl und Artischocken. In der gemauerten Zisterne tuckert der Motor, Holzkisten und Plastikkübel stapeln neben dem Bulldozer am Rand der Zufahrtsstraße.

Der Fruchtgärtenbauer mit Pomponmütze begegnet uns im Reiseführer, Castello di Andora ist malerisch und merian. Es liegt hoch in Ginster und Rosmarin. Sein Gemäuer scheucht den halbnackten Travestiten ins Feigenlaub, vom Colle di Micheri prahlt Thor Heyerdahls Kinderheim, Oleander schwillt an, und zum erstenmal ist der nächste Pinienhain endlich der schönste. Der Bauer am Hang läßt seine Egge hüpfen, seine Schäfchen zur Linken weiden, weil's Glück bringt.

San Remo ist europäisch, wo Kaiser Friedrichs neunundneunzig Tage zählten, wo Mackenzie die Kaiserin beschwor, wo Zarin Alexandra unter Palmen orthodoxe Orgien litt. Es ist afrikanisch, wo keine Gärten mehr gedeihn. Die Altstadt ist die »pigna«, der Tannenzapfen, zu dem sich Mauern und Balkone, Treppen, Höfe, Plätze, Gänge und Gäßchen emporschuppen.

Querstützen von Haus zu Haus erinnern an die Erdbebenangst von 1887, als Bussana zusammenfiel, das heute hohl über den Nelkenkutschen liegt.

San Remo geht zu Tisch, die lärmenden Gymnasiasten aus dem Reiseführer sind züchtige Mädchen aus dem Nonneninternat, der Gemüsemarkt ist Parkplatz für Versprengte, und die Taube auf dem Kopf des Philosophen Carli gurrt aus Nachsicht für das Reisetagebuch.

Gelb ist das römische Albenga, braun die Mauern zwischen dem Geviert der Türme. Kaiser Proculus erscheint hinter dem Oktogon um der feuilletonistischen Reminiszenz willen, Aurelias Straße wird namhaft, weil die Syntax es gebietet, aber Messalina läßt sich nicht hinter den Obstständen fotografieren, und ihre Weigerung bleibt die Verlegenheit dieser Delikatesse.

Aber wir lernten behutsames Fahren zum Besten der Empfindungen, und das einzige, was uns unterschied, war die empfindsame Angst vor der raschen Bewegung. So konnten wir noch einmal Sätze sehen auf dem Weg nach Genua. Oleander und Thymian erblühten agfacolor. Eukalyptus duftete für Hustenbonbons. Der Löwe von Cortemaggiore spie Feuer. Der Tiger kroch in den Tank. Eine Armada von Hochspannungsmasten schwamm ins Gebirge. Wir fuhren mitten hindurch. Ein elektrisches Glück. Rechts das Meer und Schäfchen zur Linken.

Jean Cocteau

Aix

Es regnet, glaubt ein blinder Mann.
Doch säh er ohne Stöcke: zehn mal zehn
Fontänen würd er singen sehn
das Loblied auf Cézanne.

Übersetzt 1954

Cannes

Mimose der Erinnerung
auf deinem Hut ruht
ein kleiner Vogel kleine Rose
von Tuberkulose bedroht.

Und zwischen fünf und sechs am Abend
das Mittelmeer in Zink
es ist zu kühl schon sich zu setzen

Übersetzt 1955

Thalatta, Thalatta!

Im Winter auf der Insel Föhr

Der Herr aus der Beletage sagte: »Sie werden sehen, die Luft ist wie Sekt, was sage ich, sie ist wie Champagner.« Aber schon als wir in Dagebüll die Fähre der Wyker Dampfschiffs-Reederei betreten, sind wir von Schaumkronen benetzt. Es regnet, die morschen Koppelpfosten am Wegrand sind Omen, die Halligen am Horizont Mutmaßungen, Metaphern der Ruhe vor dem Sturm. Noldes Zinnien und Lilien, der Große Mohn und der Dunkelblaue Rittersporn sind verwelkt, aber seine Rohrfedern wachsen im Wassergraben vor dem Haus in Seebüll, Vorzeichen und auch zärtliche Aufforderungen zur Niederschrift.

Wir fassen die Schwimmwesten ins Auge, die weißen und die schwarzen Vögel. Das ist das Meer, wir begrüßen es nach dem langwierigen Weg wie die Griechen auf dem Zug von Kunaxa: »Thalatta, Thalatta!«, ja, »Das Meer, das Meer!«

Die Insel Föhr ist grün. Es ist das Gras und die Hoffnung. Am Geestrand liegen die Friesendörfer, von Wrixum, Midlum, Alkersum bis Oldsum, Utersum, Hedehusum führt die Autostraße, rechter Hand liegen die Weidequadrate der Marsch. Auf der Heide bei Süderende wohnt Ocke Danklef Bohn, am weitesten draußen in der Marsch siedelt Peter Peters, alles ist wohlgeordnet. Aber sind die Hünengräber von Goting nicht vielleicht doch Rübenmieten und die Heidschnucken in ihren Schafwollpullovern auf dem Osterheidedamm nicht Hirtenhunde oder gar Spielzeugponys?

Auf einer Sandbank vor dem Kliff sitzen Scharen von Möwen, dazwischen ein Mensch, irgendein Balladenheld des vergangenen Jahrhunderts, der Lotse oder der Halligmatrose, Pidder Lüng oder Nis Randers, und een Boot is immer noch buten: »Thalatta, Thalatta!«

Hier mündet die Godel, mitten in der Salzsteppe. Die sandige Bucht heißt Wikingerhafen; die Lembecksburg, ein Ringwall auf dem Geestbuckel hinter Borgsum, erinnert an Raubfahrt und Rachezug. Aber der Friese ist ein frommer Mensch, er steht an einem Haus in Witsum und verteilt Handzettel. Wir vermuten Einladungen zum Silvestertanz in Klaar Kimming, wo der Kümmel fließt, aber es sind Traktate zur lebendigen Hoffnung, und der Friese sagt etwas in einer Sprache, die schon Heine nicht begriff, »wovon kaum begreiflich scheint, wie es ihnen selber möglich ist, sie zu verstehen«.

Er trägt, wie alle Friesen, einen Rollkragenpullover, es könnte gut und gerne der Mann sein, der ihn so hochgeschlossen trägt, damit man das Holzgewinde seines Kopfes nicht sieht. Aber auch unser Kopf ist leergefegt und gelüftet von der Brise. Noch brummt er nicht, aber er schwirrt von Erskine Childers »Rätsel der Sandbank«. Der Inselkrimi macht einen Segel- und Navigationskursus nötig, andernfalls bleibt die Geschichte eine weitere Vermutung der See: »Thalatta, Thalatta!«

Die größte Siedlung auf Föhr ist die Stadt Wyk. König Christian VIII. von Dänemark hat hier seine Sommerferien verbracht, er hat die Baumallee am Sandwall pflanzen und die Anzahl der Badekarren verdoppeln lassen. Aber der Musikpavillon, wo Johann Strauß' »Nordseebilder« sommertags erklingen, ist geschlossen, und das Königshaus, wo Andersen dem Königspaar seine Märchen vorlas, ist zur Kurverwaltung geworden.

Im Friesenmuseum ist eine Ente mit drei Beinen und ein Walfischembryo in Spiritus ausgestellt, vor dem Haus steht der Unterkiefer eines Wals als Eingangspforte, im Obergeschoß hängen die Abenteuer der Föhringer Walfänger in Öl und ein Bildnis Georg Christoph Lichtenbergs, der bereits im Jahre 1793 in einem Aufsatz »gelehrten und gemeinnützigen Inhalts« die Frage stellt: »Warum hat Deutschland noch kein großes öffentliches Seebad?« Er argumentiert: »Vor dem Schicksal des Jonas wird nicht leicht jemanden im Ernste bange sein, der das Lokale dieser Örter kennt. Die Fische, die einen Propheten fressen könnten, sind da so selten als die Propheten.«

Keine Angst vor Walen; und so sieht der Unterkiefer vor dem Museum wie ein geschnitzter Eichenstamm aus, und der Embryo erinnert an einen Menschen im Windkanal.

In »Alt Wyk« essen wir gebackene Makrelen und Elchbraten, ein Glück für die Wildente, daß sie Schonzeit hat. Über dem Thingway formiert sie sich zur Rune und fliegt zum Meer. Die Oevenumer Vogelkoje ist eine Idylle, nur nicht im Herbst. Herr Levsen, der Kojenwärter, wiegt die Vögel in Sicherheit. Die Lockenten schwimmen brav auf dem Teich, und die gegitterten Fangpfeifen liegen harmlos unter den Erlen. Erst im September tritt der ausgepichte Fangmechanismus in Funktion.

Herr Levsen zeigt uns die Netze und Hamen; er sagt: »Die Vögel können mich erst gar nicht sehen, und wenn sie mich erst mal sehen, denn haben sie Angst für mich.« Er ringelt 600 pro Tag, mit geübtem Griff bricht er den Halswirbel.

In Nieblum, »am Saum zwischen Marsch und Geest«, gibt es den alten Seefahrerfriedhof. Hier liegt Matthias, der Glückliche, »der Schiffahrt nach Grönland höchst kundig, wo er mit unglaublichem Erfolg 373 Walfische gefangen hat« und seine Ehefrau Inge Matthiesen, eine Urgroßmutter Peter Wapnewskis, des Germanistik-Professors, der im »Merian« all diese Steine zum Reden bringt.

Aber auch Heimatforscher und Poeten haben das Dorf Nieblum beschrieben, am weitesten ist Christian Morgenstern gegangen, er sagt: »Zu Nieblum will ich begraben sein.« Es herrscht, wie gesagt, lebendige Hoffnung und Erwartung. Draußen im Wattenmeer quillt das Salzkraut, es brüstet sich und grünt zur Landgewinnung.

Selbst in den marschgrünen Bänken des Friesendoms wächst der wetterfeste Queller, er blüht aus dem Munde des Pastors. »Da alles, was der Mensch beginnt, vor seinen Augen noch zerrinnt«, singt die Gemeinde am Altjahrsabend, und jedermann fürchtet, daß die Flut schon am Deiche nagt. Doch als jetzt die Stelle kommt: »Weil wir im Winde treiben«, da greift Pastor Jürgen Trede zu seiner Trompete und bläst so herzergreifend, daß die Angst entweicht.

Er sagt: »Das Boot, in dem wir alle sitzen«, und er sagt: »So segeln wir ins neue Jahr.« Sein Friesenschädel ragt über die Kanzelbrüstung; da steht er und ist die mächtige Gallionsfigur, und jeder möchte zu ihm ins Schiff und zu neuen Ufern: »Thalatta, Thalatta!«

Dann ist Silvesterabend und der Sekt, was sage ich, der Champagner perlt nicht mehr in der Luft allein. Jetzt tritt er über unsere Lippen, während zu beiden Seiten die Raketen zünden und das Feuerwerk erglüht. Niemand braucht eine Insel zu sein, und so blitzt es auch auf der Hallig Langeneß auf, die Werften sind eine lange Kette von Knallfröschen, »Perlenschnüre« heißen sie im Reiseprospekt, »schwimmende Träume« sagt Theodor Storm, und das ist für einen Realisten hoch gegriffen. Aber das ist lange her und schon fast eine Geschichte.

Andersen, der Märchendichter, fuhr von Föhr nach Hause und schrieb im selben Jahre die Märchen von der Schneekönigin und vom Tannenbaum. Da heißt es, ganz und gar nicht märchenhaft: »Dann war der Baum verbrannt. Die Knaben spielten im Garten, und der kleinste hatte den Goldstern auf der Brust, den der Baum an seinem glücklichsten Abend getragen; und nun war der vorbei, und mit dem Baum war es vorbei und mit der Geschichte auch; vorbei, vorbei – und so geht es mit allen Geschichten!«

Der Rhein in Flammen

Grell und blendend, und dabei mit einem Zischen wie von hundert Peitschenschlägen, so steigt die erste Leuchtkugel des Signalschiffes in den mittelrheinischen Nachthimmel. Gebranntes Kind scheut das Feuer, heißt ein Sprichwort, ich verkrieche mich hinter dem Schornstein des Fahrgastschiffes, die Leuchtkugel steht einen Augenblick lang hoch über dem Schiefergebirge, dann leuchtet ein Städtchen am Flußufer auf, Häuser und Bäume, eine Wasserfontäne, Fachwerk und Kräne. Neben dem Schornstein umarmt ein Mädchen ihren Freund, das Feuer leuchtet, das Herz des Mädchens schlägt, und sie ruft: »O Jott, wie is dat schön!«

Herostrat hatte den Tempel von Ephesus, mein Vater hatte den Christbaum, und ich selbst hatte meine türkische Moschee aus Schreibers Modellbogen in Brand gesteckt, alle drei aus einer gewissen Ehrsucht heraus, aber ich hatte mir dabei die Finger verbrannt. Herostrats Untat hatte ich gelesen, die meines Vaters gesehen und meine eigene am eigenen Leib verspürt, aber nur der unversehrte Körper fühlt sich wohl, auch wenn es zu den schlimmsten Flammenspielen kommt.

Es ist der 13. August 1977; alljährlich, und in diesem Sommer zum 22. Male, nämlich am zweiten Wochenende im August, steht der Rhein zwischen Braubach und Koblenz in Flammen. Ein peinlich durchdachtes pyrotechnisches Spektakel ist angekündigt, die kalkulierte Illumination der Romantik, die den herostratischen, den väterlichen und den eigenen pyromanischen Ehrgeiz zurückruft. Aber die Romantik ist ramponiert und die Zündler sind pfiffige Inszenatoren. Sie haben nicht nach Fackel und Feuerstein gegriffen, sie haben »durchgecheckt«, und organisiert, und ihre unsichtbare Helferschar steht mit Anordnungs- und Einordnungsplänen hinter der Beleuchtungsbühne: Feuerwehren und Bundeswehr-Instandsetzungskommandos,

Technisches Hilfswerk und Schützenvereine, Hausmeister und Gastronomen, aber auch die Männer vom Tiefbauamt und vom Maschinenamt, vom Gartenamt und vom Fuhrpark, Polizisten und Rotkreuzler. Paulinchen ist allein zu Haus.

Schon am Nachmittag ist Koblenz ein touristisches Auffang- und Verteilungslager. »MS Köln« hat an Brücke 3 seine Gäste aufgenommen, am Ufer knallen die Türen der Autobusse und die Deckel der Weinkrüge. Lautsprecher hängen in den Platanen, Nippes und Tinnef an den Verkaufsbuden, Straß und Ruinensouvenirs auf Schals und Puppen. Ein Mann in blauer Schiffermütze verkauft Sagenbücher zur Fremdenwerbung und zur Selbstilluminierung rote und grüne Lämpchen zu vier Mark das Stück. Ein Keil Wildgänse fliegt vor der Sonne vorbei und ist ein blitzender Haken, auch ein Hubschrauber setzt seine Positionslampen, wer weiß, da fliegt der Prinz in seinem fliegenden Koffer voller Knallfrösche und Raketen vorbei. Die DLRG-Flottille aus Bonn ist aufgekreuzt, die Leuchtfarben der Schwimmwesten blitzen auf, aber angesichts der Dampferflotte kehrt die Flottille wieder um. Die Wasserschutzpolizei aus Mainz legt an, verharrt einen Moment und legt wieder ab: Nun ist die Schiffahrt bis Mitternacht gesperrt, für die Bergfahrt und für die Talfahrt, der Prinz öffnet den fliegenden Koffer. Eine gigantische Flotte manövriert, sie kreuzt und schwenkt, und dann hat sie Aufstellung genommen zu einer Spielzeugschlacht in einem fernöstlichen Meer. Es sind 76 Schiffe, vielleicht sind es 77 oder sogar 78, alle mit Girlanden und Lampions geschmückt wie in chinesischen Gedichten. Sie tragen die Namen der befreundeten Städte und der schöpferischen Rheinländer, der mythischen Meerungeheuer und der unglücklichen Lichtgestalten. Die Dunkelheit ist eingebrochen, oberhalb des Braubacher Rheinbogens setzt sich die bombastische Flotte in Bewegung.

Grell und blendend ist die erste Leuchtkugel erloschen, sie ist rasch verglüht. Das Mädchen am Schornstein läßt ihren Freund aus den Armen und sagt: »Et is dieses Jahr viel Nässe im Spiel, wat?« Aber die Dächer der Häuser und das Laub der Weinstöcke sind längst getrocknet, die Lichter und Laternen in den Masten dürfen ungehindert leuchten. Das Grelle ist der kurze Glanz des Samstagabends, und das Blendende ist das Schaugepräge einer regen Stadtverwaltung. Sie hat zwanzig Kilometer Rheinufer, back- und steuerbords, in Beleuchtungsabschnitte eingeteilt, und aus den Peitschenhieben der Raketen hört man die schmissigen Zungendrescher der Werbung heraus. Alles ist Bühne und Kulisse, ist Panorama und Prospekt, die Windlichter leuchten, die Bengalbeutel glühen, Bergspitzen und Brauereien, Weinhänge und Werften sind in theatralische Flammen gehüllt. Aber auch die gelben und die blauen, die grünen und die roten Reklamebeleuchtungen leisten ihr ungeliebtes Teil und drängen die Romantik in den Ausverkauf. Es fallen die spärlichen Silberbomben von der Schottelwerft, und einen Augenblick lang kommt die Vermutung nach wirtschaftlicher Rezession auf. Aber dann bricht der ganze Zauber los: Vom radarbewehrten Flaggschiff steigen zwei rote Kugeln in den Nachthimmel auf, sogleich ist ganz Braubach ein einziger Feuerpfuhl. Von der Marksburg fallen Magnesiumbomben, der weiße Verputz eines Gasthauses ist eine Filmleinwand, die Braubacher Menschen agieren im nächtlichen Schattenspiel. Die Abwässerkloake vor der Stadt ist im Schatten verborgen, auch die Schornsteine der Blei- und Silberhütte hinter der Burg hat das Dunkel verschluckt. »O Jott«, ruft das Mädchen, »da brennt ja der janze Berg!« Eine weiße und eine rote Kugel rufen die Feuerwerker von Rhens, eine grüne und eine weiße die Beleuchter von Kripp, eine grüne und eine rote die Zündler von Stolzenfels und Lahnstein an die bengalischen Beutel.

Jetzt gehen die Augen hin und her, was für ein Winken vom Ufer, was für ein Toast von den Schiffen! Zur Kaiserzeit schwenkten die Menschen bei solchen Gelegenheiten die Hüte, bei der Saarrückgliederung im Jahre 1935 waren es die Fähnchen, heute sind es die Hände, was für ein Fortschritt! Effektvoll paradiert der Mummenschanz: Die Bomben am Berg sind golden, die Menschen an Bord sind übermütig geworden.

Herren in roten Samtfliegen heben Weinflaschen aus Silberkübeln; Damen in langen balkanesischen Bauernröcken lachen eine Idee zu laut über die männlichen Pointen. Der Lautsprecher weist darauf hin, daß die Pyrotechnikerfirma unter den Gästen weilt, die ganze Familie hat Platz genommen, der Chef reist morgen schon nach Teheran. Ja, der Prinz mit dem fliegenden Koffer, vielleicht hat er schon all seine Raketen verpulvert, und Herr Moog bringt ihm die neuen Modelle aus Deutschland.

Nur die Honoratioren sitzen ungerührt da, sie haben das Spektakel schon öfter erlebt. Sie singen. Sie singen: »Wenn das Wasser im Rhein lauter Wein wär!« Und sie singen: »Ein rheinisches Mädchen beim rheinischen Wein!« Sie trinken 1971er Eltviller Sonnenberg, Auslese, und schauen schon gar nicht mehr aus dem Fenster, wo jetzt Rhens und der Königsstuhl in glühendem Rot erscheinen.

Über der Häuserzeile steigt ein Feuerstrahl auf und entfaltet seinen Fächer über dem bengalischen Gothic Revival von Stolzenfels. Die schon in ihren Sagenbüchern gelesen haben, denken jetzt an den Kratz von Scharfenstein, wie er des Nachts durch den Stolzenfelser Wald reiten muß und alles um ihn her sich verwandelt, nur weil er in seine Tasche gegriffen hat, worin sich ein Büschel mit Weinkraut befindet. Rechtsrheinisch strahlen die Lichterketten von Lahnstein. Es türmen sich Feuergewölbe über der Burg Lahneck, und Flammenkuppeln stürzen über die Allerheiligenkapelle. Ja, der Geist von Lahneck ist ein besonnener Geist, und er lenkt jetzt die pompöse Flotte unter die Brücken von Koblenz.

Der Wein ist ein zuverlässiger Verwandler, die Honoratioren singen: »Einmal am Rhein, du glaubst, die ganze Welt ist dein!«, und sie wähnen sich im Besitz der pyromanischen Wahrheiten. Aber der Wein läßt sich nicht alles gefallen, das Mädchen steht an der Reling, der junge Mann hat die Arme um sie geschlungen, und das Mädchen sagt: »O Jott, dat is jetzt gar nicht mehr schön.«

Nun verharrt das Signalschiff vor der Moselmündung, die

Beleuchtungsflotte ordnet sich auf dem Wasser, Knallfronten und Böllerbreitseiten künden den letzten pyromanischen Genuß an. Zwei grüne Leuchtkugeln steigen auf, und dann auf einmal ist Ehrenbreitstein ins rechte Licht gerückt. Bengalflammen entzünden den Festungsberg, eine plötzliche Zündung erschüttert das Felsmassiv. Ein Hoch der Feuerwehr von Ehrenbreitstein! Dieses Lila, dieses Violett! Ein Silberbaldachin wölbt sich auf, Kometenschweife sinken herab und verglühen, Feuerfontänen steigen auf und explodieren, es fallen Chrysanthemenbomben, ein Leuchtkugelspiel flackt auf, es donnert aus venezianischen Feuerrohren. Silberkreisel und Diamantenwirbel entfalten sich zu riesigen Goldpolypen, ein Sonnentableau bietet Strahlensterne. Blitzbomben zünden, plötzlich wechseln die Farben, und sanft verglühend fällt das Schlußbukett in tausend aufgesperrte Münder.

Wenn das der Kaiser von China gesehen hätte! Ja, jetzt darf Herr Moog getrost nach Persien reisen und orientalische Gedichte rezitieren. Wo aber ist der patriotische Görres aus Koblenz, wo bleibt der sanfte Brentano aus Ehrenbreitstein? Die Beleuchtungsparade ist zum tönenden Spektakel geworden, »Son et Lumière«, ein mittelrheinisches Neu-Barock. Die Honoratioren stehen jetzt an ihren Tischen, sie haben ihre Gläser hoch erhoben, auch der junge Mann und das Mädchen haben sich eingefunden, und sie singen alle: »Wer soll das bezahlen, wer hat so viel Geld?«

Am Ende schwebt Rauch über dem Rhein, aber es braucht kein Hauch von Traurigkeit zu sein. Vielleicht war es der Vorschein, »wo bis ganz hinten ins Paradies hineinzusehen war«, von dem Ernst Bloch spricht, der da gezündet wurde. Hunderttausende verpulvert, aber nicht für Ernst, nicht für Alles. Es ist kein Tempel von Ephesus, kein Christbaum, kein Kinderspielzeug zerstört. Verpulvert für ein Nichts, verpulvert für ein Spiel. Das ist der Knalleffekt.

Es gibt Reisen ins eigene Leben

(Es gibt Reisen ins eigene Leben, und wenn man hinkommt, dann ist schon jemand da und wartet auf ein gutes Wort. Mit Scandinavian Airlines fliege ich nach Schweden, wo es ungetoastetes Toastbrot gibt so lang wie ein Landesteg, mit Heringssalat und Käse, mit Spinat und Gurken drauf; mit Transportes Aéros Portugueses fliege ich nach Lissabon, wo Curt Meyer-Clason an einer Stellwand aus Röhren im Goethe-Institut turnt und das lebendige konkrete Kunstwerk demonstriert; mit Sindbad, dem Seefahrer, reise ich womöglich in den Vorderen Orient, und vielleicht fliege ich sogar mit dem Vogel Roch über den Indischen Ozean nach Sri Lanka und nach Tibet auf das Dach der Welt, wo es die Yaks gibt, die so kostbare Schwänze haben, daß die Chinesen sie in früheren Zeiten blutrot gefärbt und als Quasten auf ihren Sommerhüten getragen haben, als sie noch keine blauen Chinesen waren.

»Jetzt ist es fast ein Jahr her, daß wir in Georgien waren. Und Deine nächste Weltreise?« fragt mich Felicitas Frischmuth. Sie wohnt im Atelierhaus in Worpswede, hat sich ein Meßtischblatt gekauft, spaziert bis an den Rand des Bekannten und schreibt darüber. Sie schreibt mir: »Die eigentlich seßhaften Menschen müssen manchmal am weitesten reisen.« Aber die Reisepapiere eines Luftkutschers bestehen nicht aus beglaubigten Pässen und gestempelten Visa, nein, überall wo ich hinkomme, schlage ich mein Buch auf und lese die Kapitel über die Freude vor. Aber wie ergeht es mir selbst?

»Ich betrachtete das Firmament, wie da einzelne Wolken langsam durch den Mondschein zogen und manchmal ein Stern weit in der Ferne herunterfiel. So, dachte ich, scheint der Mond auch über meines Vaters Mühle«, heißt es in »Aus dem Leben eines Taugenichts« von Eichendorff, aber zum Glück ist es nicht allen Menschen gleich, ob ich noch da bin, oder in der Fremde, oder gestorben, und trotzdem fahre ich mit dem Taugenichts fort: »Da kam mir die Welt auf einmal so entsetzlich weit und groß vor und ich so ganz allein darin, daß ich aus Herzensgrunde hätte weinen mögen.«)

Leserbrief an die Saarbrücker Zeitung

Ich bin auch Schriftsteller, wie Hermann Hesse; ich bin auch auf Vortragsreisen gewesen, wie er; und ich las oft in leeren Tonhallen, wie er. Aber ich nenne meinen Namen nicht aus Vermessenheit in einem Atemzug mit dem Hermann Hesses, sondern aus herzlicher Zuneigung. Denn wie preist er die Reinheit des saarländischen Möbelstils, die vergnügten runden saarländischen Damen mit den Grübchen und den Wurstfingern, das gute saarländische Essen und den lobenswerten saarländischen Wein in den kleinen paradiesischen saarländischen Speisezimmern, dort wo man nach dem Essen, ohne Ansehen der Person, sein Mittagsschläfchen macht, dort wo man im Bücherschrank keine Bücher, sondern einen Likör vermutet, dort wo die Häuser Klang sind und die Papageien die Schöpfung feiern. Ich habe keinen Grund zu klagen, ich sitze als Stipendiat des Berliner Senats an meinem Schreibtisch und blicke über die Terrasse zum Wannsee hinaus, die Blätter wirbeln auf den Marmorfliesen der Balustrade, Segelboote ziehen dahin, es ist wie in einem Roman. Aber die Möbel, die Damen und das Essen, das alles ist auch wie in einem Roman und nicht wie in Saarbrücken, wo alles wirklich ist.

Die Sprache und das Wetter

Auf Dichterreise durch Skandinavien

Ein Dichter aus dem Saarland reist nach Skandinavien, das Flugzeug landet in Arlanda, schwedisch steht die Nachmittagssonne hinter den Tannen, schwedisch flötet eine Nachtigall. Licht und Stimme sind nicht zu grell, nicht zu dumpf, »lagom«, wie der Schwede sagt, gerade richtig.

Aber das ist »nicht nur ein Wort, sondern eine Lebensphilosophie, die Philosophie von der Mitte«, wie Dieter Stöpfgeshoff, der Assistent Gustav Korléns von der Stockholmer Universität, herausgefunden hat, und der Dichter aus dem Saarland wundert sich, warum Lars Gustafsson die schwedische Witterung über die Sprache triumphieren läßt. Gustafsson spricht von den leicht und leichtfertig gebauten Wohnhäusern, die der Oktobersturm von 1969 hinweggefegt hatte. Das macht ihn sprachlos, und er befürchtet das Schlimmste für Schwedens Zukunft.

Dem Dichter aus dem Saarland aber zeigt sich alles »lagom«, selbst die Wachablösung vor dem Schloß geht ohne viel Geschrei vonstatten. Es gibt nur einen Stechschritt, der Hauptmann mit dem Säbel ruft nach einem Olof, die Wachsoldaten fuchteln mit dem aufgepflanzten Bajonett. Der Säbel und die Bajonette blitzen in dem Licht, das nicht zu grell und nicht zu dumpf ist. Der Hauptmann führt die Wachsoldaten zu den entfernten Portalen. Die Posten wechseln erst, nachdem sie sich besprochen haben. Sie reden lange miteinander, leise und »lagom«, es scheint, als erzählten sie sich die ganze schwedische Geschichte. Wer weiß, ob sie sich nicht immer wieder die Anekdote über Karl XII. berichten, dem die Krone vom Kopf fiel, als er sein Pferd bestieg.

Aus ihren Mienen zu schließen, sprechen sie von Jenny Lind und Gustav Wasa. Jenny Lind sitzt zwischen Birken am Rosendalsvägen, Gustav Wasa in der Eingangshalle des »Nordiska Museet«. Jenny Lind ist aus Bronze, Gustav Wasa aus Holz, aber auch die Wachsoldaten sind nicht mehr aus Fleisch und Blut. Eiszapfen hängen ihnen aus der Nase, nicht zu dick, nicht zu dünn, »lagom«.

Der Dichter aus dem Saarland geht ins »Nordische Museum« und findet dort die heile schwedische Kultur, sauber und unversehrt. Das Museum ist Landschaft und Stube zugleich: der Dichter geht durch Västmanlands Wälder und an den Seen Lapplands entlang, aus einem Kuhstall dringt Rindergebrüll vom Tonband, die Hochzeits- und Konfirmationstafeln sind mit Wild und Geflügel aus Pappmaché gedeckt. Ein Klassenzimmer aus dem vergangenen Jahrhundert ist eingerichtet, mit einer blonden Lehrerin in farbiger Tracht und mit Hasenpfoten als Tafelschwämmchen. Selbst Gustav Adolfs Lederwams von Lützen ist unversehrt, bis auf das Einschußloch, das akkurat in der Mitte des Rückens liegt.

Günter Coenen öffnet die Tür des Goethe-Instituts für den schwedischen PEN. Die sympathischen Schriftsteller sitzen wie beim Julfest, auf dem Tisch stehen Kerzen im Skandinavian Style. Three Towns Dosenbier und Rotwein aus Frankreich. Lars Gustafsson rezitiert Balladen aus dem vergangenen Jahrhundert, das Schwedenbild im Ausland ist gerettet. Rasch schreitet das soziale Leben voran, »sämlikhet« und »säkerhet«, Gleichheit und Sicherheit, die Zauberworte Schwedens, klingen durch den Raum, nicht zu grell, nicht zu dumpf, gerade richtig.

Der Dichter aus dem Saarland ist eingeladen, er denkt an Henning Ritter, den Übersetzer und Deuter des Ethnologen Marcel Mauss, der von der Verlangsamung des sozialen Lebens der Eskimos Kunde gibt. Göran Löfdal, Schwedens Kulturpolitiker beim Europarat, wollte es nicht für möglich halten.

Bengt Holmqvist hat den Dichter aus dem Saarland in »Dagens Nyheter« vorgestellt, der Dichter hat eine Hypothek zu verspielen, er setzt sie aufs Spiel, und er hat Glück. Er stellt den Satz Lars Gustafssons auf den Kopf und sagt: »Wir dürfen nicht das Wetter und nicht sonst irgendwelche uneinsehbaren Mächte über uns und unsere Sprache Herr werden lassen.« Künftig wird die Sprache das Wetter überlisten. Der Dichter führt das Wort ins Feld, gegen die falsche Ideologie, die es hat zu Spekulationsobjekten kommen lassen, die nicht einmal dem Wind widerstehn.

In Växjö auf dem Bahnhof wartet Evald Johansson. Er ist in Smaland geboren, und hier lehrt er die deutsche Sprache. Aber er spricht wie ein Mann aus Hannover, und auch der Dichter verbirgt seinen Akzent vergebens. Beide spazieren durch Park und Straßen, hier sitzt Esaias Tegnér, dort steht Peter Wieselgren in Bronze. Tegnér stützt seine Linke auf die Sessellehne und hält ein Buch in der Rechten, Wieselgren hält das Buch in der Linken, weil seine Rechte nach den Kinderspielplätzen zeigt. Sie lehrten ein heiles und nüchternes schwedisches Leben auf dem Lande; so sitzt der Dichter am Abend in Evald Johanssons Haus, Evald Johannsson singt Solveigs Songs, er singt das Smalandslied, »Rot leuchtet das Häuschen zwischen den Birken« und begleitet sich selbst auf dem Piano.

In einem solchen Häuschen starb Stig Dagermanns Großvater von Mörderhand, heil und nüchtern. Die Kanten des Häuschens sind weiß, Pär Lagerkvist war hier »Gast bei der Wirklichkeit«.

Göteborg ist eine vornehme Stadt. Der Dichter sitzt mit Helmut Kluge im Restaurant der Stena Line und steht auf den Felsen der Schärenküste. Die Sonne scheint, der Nachmittag ist fotogen, nicht zu grell, nicht zu dumpf. Der Generalkonsul bittet zum Lunch, der Dichter sitzt zwischen zugeknöpften Gästen, im handgestrickten Pullover, den obersten Hemdsknopf geöffnet. Seine Ungeniertheit teilt sich mit, die Frau des Konsuls beteuert ihre Offenherzigkeit, der Konsul verliest ein selbstgefertigtes Ein-Mensch-Gedicht auf den Außenminister. Die Gäste knöpfen sich auf, der Dichter darf auf Zuspruch seiner Leseveranstaltung hoffen.

Aber die Abendgesellschaft ist gespalten, ein Teil begibt sich zum Skat in Goethes Nebenzimmer, des Dichters Lehre hat, ungehört und ungelesen, ihre Frucht getragen. Spät in der Nacht verabschieden sich die Gäste, die schönere Zukunft ist angebrochen, denn die schwedischen Wörter klingen schon wie saarländische, der Dichter sagt »jo«, und er sagt »nä«, er geht durch die »infart« »hemm« ins Hotel, zieht die »kläder« aus und legt sich hin »for ze schloofe«.

Der Dichter spricht saarländisch und schwedisch zugleich, mit deutschem Akzent. Dann reist er weiter nach Norwegen und Dänemark. In Bergen wird er Wind und Regen, in Oslo Eis und Nebel erleben. Auch hier triumphieren die Wörter über das Wetter. Der Dichter sitzt mit Susanne Abegg vom Goethe-Institut in Shakespeares »Was ihr wollt«, und während die glücklich vereinten Paare ins goldene Zeitalter eintreten, entläßt der Narr die Gäste ins bergensische Leben zurück, in »vind og regn«, grammatisch getröstet. Eis und Nebel umfangen ihn bei Edvard Munch, doch die gemalte Syntax macht den Regenmantel überflüssig. Karin Hillebrand ruft nach Iver Tore Svenning, er erneuert Homqvists Hypothek in Oslos »Aftenposten«. Der Dichter aus dem Saarland stellt sich selber auf den Kopf.

In Kopenhagen konjugiert er mit Hermann Höner die Verben für dänischen Handel, in Aarhus dekliniert er mit »Stürmern und Drängern« die Adjektive für dänisches Bier. In Odense aber verwandeln sich Wörter in Welt. Er buchstabiert mit Helge Nielsen und Thomas Jensen die schlichten Wörter Andersens, und die schwedische Nachtigall entpuppt sich als Jenny Lind. In Svendborg tritt er unter das dänische Strohdach Brechts, aber der Pflaumenbaum im Hof trägt noch immer keine Früchte und ist im Wind nicht einmal am Blatt zu erkennen.

Als er schließlich im »Nordpilen« gen Hamburg saust, da fliegen nicht Schmetterlinge im Abteil ein und aus, wie Truman Capote es aus Spanien berichtet, da schwirren vielmehr Länder und Menschen durch sein Hirn, verschiedene und unzählige, allesamt im Namen Goethes. Goethe ist nicht totzukriegen. Er lebt. Schon vier Jahre nach seinem Tod, an einem Novembersonntag im Jahre 1836, erscheint er Eckermann im Traume. »Was sollte ich tot sein«, sagte Goethe, »auf Reisen bin ich gewesen! Ich habe derweil viele Länder und Menschen gesehen; im letzten Jahre war ich in Schweden.«

Der Dichter aus dem Saarland landet in Ensheim, saarländisch flötet die Nachtigall, nicht zu grell, nicht zu dumpf, »lummer«, wie der Saarländer sagt.

Clara und die vier Pistazien

Die Geschichte einer georgischen Reise

Es war im Winter. Die Kälte war so streng und so still, als wäre es ein Winter in einem Märchen von Andersen, so daß wir Pelzkappen und Zipfelmützen, hohe gefütterte Stiefel und gestrickte Schals tragen mußten. Es war Winter, das ist nicht abzuleugnen, aber wir schwebten auf Flügeln, wir flogen auf Schwingen, zuerst waren es die Flügel der Lufthansa, und dann waren es die Schwingen der Austrian Airlines, genauer gesagt, die Flügel eines City-Jet und die Schwingen einer DC-9.

Aber die Schwingen tönten, ja, wir flogen mit der Schneekönigin in einem Märchen von Andersen, die Flügel brachten eine sanfte Sphärenmusik hervor, und die Schneekönigin bewegte umsichtig ihre weiten weißen Ärmel, zuerst waren es die Flügel der Europawelle, dann waren es die Schwingen der Donauwellen. Potztausend, wir landeten in Moskau beim Klang eines Wiener Walzers, mitten in Eis und Schnee.

Auf der anderen Seite der Zollschranke stand Clara Stoljarova im dunkelblauen Mantel, die Schneekönigin war uns vorausgeeilt, ihre weiten Ärmel fielen über weiße Fäustlinge, und aus dem Pelzkragen schaute ein lachendes Gesicht heraus. Sie war von Gepäckträgern umringt, zeigte mit den Augen auf uns und sagte: »Pistazien.« Da standen wir, Petra und die Fee, Martin und ich, kugelig traubig und kurz gestielt, mit eilichen Fruchtknoten und spateligen Griffelschenkeln, mit nach unten gerichteten Mikropylen und nach außen gekrümmten Funikeln: vier Pistazien.

Wir standen ganz betreten hinter der Zollschranke und schauten auf die kleine Dame, die mit den Gepäckträgern und mit den Zollbeamten redete, als sei sie tatsächlich die Schneekönigin und als hätte sie einen Diener- und Hofstaat bestellt, der uns begrüßen und begleiten und versorgen sollte, genauso wie es eine Dienerschaft im Märchen tut. Immer wieder sagte sie das Wort »Pistazien«, und weil sie russisch sprach, war nichts anderes als dieses Wort »Pistazien« zu verstehen. Ein Hauch von würzigen Früchten und balsamischem Zuckerzeug wehte mit diesem Wort über das Moskauer Rollfeld, hinter dem Stacheldrahtzaun erschien der heilige Nikolaus, Knecht Ruprecht zog seinen Schlitten über den Schnee, und der Schlitten war hoch mit Säcken beladen, voller Äpfel, Nüsse, Kastanien und Pistaziengebäck.

Clara war unsere Übersetzerin. Sie nahm uns in Empfang und begleitete uns eine lange Zeit, so als wäre sie immer schon bei uns gewesen und hätte bei früheren Gelegenheiten immer schon unsere Wünsche erfüllt. Und auch wir vier hatten mit einem Mal das Gefühl, als gehörten wir zusammen und seien überhaupt nicht mehr voneinander zu trennen, so verbindend und so zusammenschließend wirkte sich Claras Wort von den Pistazien aus.

Vor dem Flughafengebäude standen zwei schwarze Automobile, und da stand auch ein schöner kräftiger Mann mit großen, runden und schwarzen Augen, ja, da standen die schwarzen Wolgas, und da stand Chuta Gagua, der Moskauer Vertreter der georgischen Schriftsteller. Wir fuhren in die Stadt, vorbei an dem Mahnmal, das das weiteste deutsche Vordringen von 1941 markiert, wir fuhren an Satellitenstädten und an Zuckerbäckerpalästen vorbei, wir passierten Denkmäler und Transparente, wir überquerten Haupt- und Seitenstraßen, und immer fuhren wir, ohne Aufenthalt, ohne das Grün und das Gelb und das Rot der Ampeln zu beachten, die schwarzen Wolgas glitten sanft über den schneebestäubten Asphalt, zur Linken und zur Rechten hielten Autos und Autobusse an, Fußgänger erstarrten auf den Zebrastreifen und Motorradfahrer streiften sich die Helme von den Köpfen, wir fuhren unaufhaltsam über die Lenin- und die Gorki-, über die Marx- und die Engelsprospekte, und jetzt wußten wir, daß Clara niemand anders als die Schneekönigin aus den russischen Wäldern war, die immer und überall vorfahren darf, weil sie jedermann in Rußland und selbst im fernsten Georgien auf den ersten Blick erkennt. Dann hielten die Wolgas vor dem Hotel »Rossia«, Clara und Chuta Gagua wechselten ein paar Worte mit den uniformierten Portiers, und wieder gebrauchten sie das Wort von den Pistazien und zeigten mit ihren großen Augen auf uns vier.

Nun muß man wissen, daß Clara »Pissatelj« gesagt hatte und nicht »Pistazien«, aber als wir endlich begriffen, daß wir »Pissatelj« sein sollten, da hatten wir uns längst schon in Pistazien verwandelt. Clara hatte uns als »Pissatelj« bezeichnet, als Schriftsteller, uns hingen aber schon die eilichen Fruchtknoten nach unten und standen die spateligen Griffelschenkel nach außen gekrümmt, vier Pistazien am exotischen Anakardenstrauch.

Die Abendtafel im Restaurant des Hotels war von Chuta bestellt: Früchte und Fleisch, Grünzeug und Gemüse, die Teller und Schüsseln häuften sich, ganze Stapel von Schalen und Platten türmten sich vor uns auf, schwarzer und roter Kaviar vom Kaspischen Meer, Sekt von der Halbinsel Krim, Wodka und Limonade. Hinter dem Buffet bedienten die Kassiererinnen ihre Rechenmaschinen, die Holzkugeln flogen auf den Stäben hin und her wie seinerzeit in der Volksschulklasse; auf dem Podium hantierten die Musiker mit ihren Instrumenten, die Saxophone dröhnten und die Geigen greinten wie seinerzeit auf den Tanzböden der fünfziger Jahre.

Clara tanzt mit Martin, sie lacht laut, und ihr Parfüm »Rotes Moskau« verbreitet sich im ganzen Raum; Chuta hält die Fee in seinen georgischen Armen und führt sie in die entfernteste Ecke des Saals. Er faßt sie noch fester unter und hebt sie noch näher an seine entflammte Brust, was aber gar nicht nötig wäre, denn die Fee trägt ihre gelben Gummistiefel und läuft nicht Gefahr, den Boden unter den Füßen zu verlieren. Aber Chuta tanzt mit georgischer Überschwenglichkeit, und seine Hände arbeiten mit georgischer Gründlichkeit, irrlichternd glänzt das Auge der Fee, sie schaut aus dem Fenster, unten strahlen die roten Sterne auf

St. Pierre
Angoulême
62

den Türmen der Kreml-Mauer, und ihr Blick sucht in sanfter Verzweiflung den rettenden unter ihnen. Die Basilius-Kathedrale liegt da, ein buntbemaltes Gebäude aus einem teuren Kinderspielbaukasten, sie spendet nur einen mageren Trost.

Am andern Tag flogen wir nach Tbilissi. Wieder tönten die Schwingen, wieder klangen die Flügel, eine Balalaika sang von dem Bauernmädchen, das in der Stadt seinen Liebsten wohnen und keine Troika hat, um zu ihm hinzufahren. Wir saßen im Zwischenraum der Maschine hinter dem Cockpit, vier privilegierte Pistazien, mit dem Geruch aller sozialistischen Vorrechte umwölkt. Ja, die Iljuschins und die Tupolows flogen nur für uns vier, schnaubende Vögel Rochs aus den transkaukasischen Weiten. Während die Balalaika sang und der Copilot mit Clara den Schnee besprach, überquerten wir das Gebirge. Es war Nacht, als wir in Tbilissi ankamen, die Herren vom Empfangskomitee waren längst in die Stadt zurückgekehrt.

Aber sie kamen wieder, sie kamen, frisch und strotzend vor Kraft, und sie kamen mit dem Vorsatz, uns nicht nur in Empfang, sondern um uns an ihre Brust und in ein georgisches Gebet zu nehmen, das keine Vergebung kennt. Sie führten uns in die Stadt in das Hotel »Iveria«, und dort herrschten sie mit Schrecken.

Denn wieder türmten sich die Platten und stapelten sich die Schüsseln übereinander, zuerst mit geviertelten, dann mit halbierten und zuletzt mit ganzen Hühnchen, geröstet und gebraten, gedünstet und gebacken, mit Backpflaumen und Auberginen, mit Käse und roten Bohnen, in Nußbrühe und Granatapfelsaft, in Joghurttunke und Sauerkirschensoße. Nach den Hühnchen kamen die Hammel und die Ferkel, dann die Rinderschultern mit Pilzen und die Schweinebäuche mit Quitten, es kamen Herz und Leber, Milz und Nieren, es kamen Fleischklöße und Brotfladen, und es kam das violette Sauerkraut, ja, das violette Sauerkraut, das aber etwa kein Rotkohl, sondern mit Rotrübensaft violett gefärbtes Weißkraut ist, das tagelang im Essigwasser gelegen hatte, und schließlich kamen die Kuchen und die Kompotte, die nach Honig und Mandeln schmeckten, gelb und rot und grün aussahen, grün, als seien sie aus lauter Pistazien gemacht und eine sanfte Hindeutung auf das, was uns alles noch bevorstand an Verwandlung, an georgischer Transsubstantiation.

Wir aßen. Aber kaum war ein geviertteltes Hühnchen vom Teller verschwunden, da legte der Kellner ein halbiertes nach, kaum war das halbierte zerteilt und gegessen, da brachte er ein ganzes hinterher. Ja, wir aßen, aber Essen und Trinken sind in Georgien geistige Auseinandersetzungen, der georgische Mensch ißt und trinkt und wird nicht satt davon, weil er fortwährend ißt und redet und trinkt und redet.

»Das begriffen wir schon in den ersten Stunden nach unserer Landung in einem georgischen Gastmahl«, erzählt Adolf Endler, der Dichter aus der DDR, der mit Rainer Kirsch nach Georgien gefahren war, um dort Gedichte zu übersetzen, »auch seinem Gegner könnte man sinnvollerweise mit solcher bewußtlos machenden Flut von Genüssen und Reden begegnen, Vergewaltigung des Magens und des Gemüts, raffinierter Terror: Buntheit und Vielfalt blende sein Auge und lasse den Boden unter seinen Füßen verschwinden.«

Bachwa Lobjanidse, der Oberbürgermeister von Tbilissi, empfing uns im Rathaus; Dawit Kachaberi, unser ständiger Begleiter, führte uns in die Schatzkammer des Museums. Drinnen wehte es dumpf und byzantinisch, erst der Wind des 12. Jahrhunderts lüftete den antiken Muff und fegte Perser und Araber in die fernen Wüsten. Der heilige Georg hat längst den römischen Kaiser Diokletian getötet, die heilige Nina hält Girlanden aus Weinlaub über dem Kopf: Georg mit den roten Strümpfen und Nina, kunstvoll in Metall getrieben.

König Thamar herrschte, Schota Rustaweli schrieb sein Epos vom »Recken im Tigerfell«. Thamars Kreuz und ihre Tasche liegen im schwarzen Samtkasten, aber die Perlen sind noch weiß und sie leben, wenn ein Mann sie getragen hätte, wären sie schwarz geworden und längst gestorben. Rustawelis Aphorismen stehen in samtgebundenen Folianten gedruckt, auch diese

Perlen sind hell und lebendig geblieben.« Weh den Männern, die den Frauen / ein Geheimnis anvertrauen. »Die junge Kunsthistorikerin rümpft ihre schöne große Nase, sie schaut in die Vitrinen, und dann mustert sie einen um den andern von uns. »Sehen Sie die Nase der Königin Thamar an«, sagt sie auf deutsch, und wir schauen von der Nase der Kunsthistorikerin auf die Nase der Königin Thamar, und von Thamars Nase wieder zurück auf die Nase der Kunsthistorikerin, und plötzlich denkt jeder an seine eigene Nase: ja, diese georgischen Nasen sind keine deutschen Stups-, keine deutschen Kartoffel-, keine deutschen Himmelsfahrtsnasen. O nein, diese georgischen Nasen sind ansehnliche und angesehene Nasen, die ihren Namen verdienen, und über diese Nasen wölben sich die seidenweichen, die dichten, die rabenschwarzen Augenbrauen. Auf der Straße sitzen die bronzenen Dichter, Georgier und Aserbeidschaner, Kurden und Turkmenen, ganz Tbilissi ist von lauter Dichtern bevölkert, und alle haben sie die Nase und die Augenbrauen von Moris Pozchischwili.

Moris und seine Frau Rosita empfingen uns am Abend in ihrer Wohnung.

Moris hat seinen Freund Gogi zum Tamada bestellt, und Gogi, der unerschöpflichste Tischführer Georgiens, feiert in glühenden Reden die Männer und die Frauen, die Kinder und die Greise, die Freundschaft und die Liebe, die Güte und die Weisheit, den Mut und die Tapferkeit, das Tun und das Lassen, die Vergangenheit und die Gegenwart, die Zukunft und das göttliche Feuer, ja, Gogi feiert die vergangene Gegenwart und die gegenwärtige Vergangenheit, die ewige Zukunft und zukünftige Ewigkeit des göttlichen Feuers, Gogi, der die »Helden der Arbeit« und die »Helden des Sozialismus«, der die stellvertretenden Minister und die leitenden Parteigenossen an seiner sanften rhetorischen Kandare hält, er beschwört nicht diese Helden und diese Genossen, er beschwört das göttliche Feuer in seinen Trinksprüchen, nein, das läßt er sich nicht nehmen. Er hebt sein Glas und sagt: »Bolomde!«, und das heißt: »Bis zur Neige.«

Wir heben die Gläser und tun ihm Bescheid, und auf einmal erleuchtet das göttliche Feuer die traubigen Fruchtknoten und die gestielten Griffelschenkel der Pistazien, die Knoten sind nicht mehr nach unten gerichtet und die Schenkel nicht mehr nach außen gekrümmt, o nein, Gogis göttliches Feuer hat sie aufgerichtet, und da erblühen sie und sind immergrün gefiedert wie paradiesische Riesengewächse. Moris füllt die Gläser und wehrt den Einwänden, er prüft den Kognak und weist die Klagen ab. »Nein!« ruft er, »beim Essen wird nicht diskutiert!« Er füllt die Gläser von neuem, und Gogi ruft: »Bolomde!«

Dann ist es Mitternacht, Moris Pozchischwili erhebt sich von seinem Stuhl, breitet seine Hände und zeigt nach dem Horn einer Gemse, das an seiner Wand befestigt ist. Dort hängt es, bedrohlich und gebogen, seit er die Gemse im Kaukasus geschossen und das Horn an seiner Wand als eine achtunggebietende Trophäe aufgehängt hat. Jetzt aber nimmt Moris das Horn von der Wand, hält es in seiner Linken und füllt es mit einer Flasche Wein. Er setzt das Horn an den Mund, trinkt es in einem einzigen Zuge leer, füllt es von neuem und reicht es mir mit einer Geste der Ermunterung. »Auf das göttliche Feuer, Ludwig«, sagt er, und: »Bolomde!«

Es war der 1. Februar des Jahres 1978, vielleicht war es schon der zweite, ich habe den Tag nicht vergessen, denn es hätte der letzte Tag meines Lebens sein können, wenn nicht Nelly Amaschukeli gewesen wäre. Nelly Amaschukeli war unsere georgische Übersetzerin wie Lamara Narouschwili.

Ja, wenn Nelly Amaschukeli nicht gewesen wäre, dann säße ich vielleicht in diesem Augenblick nicht hier an diesem heimatlichen Tisch und das Horn der Gemse läge nicht friedlich und gar nicht furchterregend auf meinem Bücherregal. Aber damals, in dieser Nacht vom 1. auf den 2. Februar, stand ich an Moris Pozchischwilis Speisetafel, Nelly genau gegenüber, und trank das Horn der Gemse leer. Ich hatte den Kopf zurückgelehnt und trank, ich hob das Horn, ohne es abzusetzen, mit jedem Schluck ein wenig höher und trank, ich brachte schließlich das Horn über die imaginäre Scheitellinie, die beim Trinken von Mund und Hand gebildet wird, hinaus und trank in vollen Zügen, und da, mit einem Mal, überkam mich ein plötzliches Grauen, es ergriff mich eine so unsäglich beklemmende Panik, daß ich glaubte aus dem Gleichgewicht zu geraten, zu schwanken und zu fallen, und ich wartete darauf, das Bewußtsein zu verlieren und hinzustürzen, ja ich hoffte inbrünstig, daß alles dieses hätte eintreten und sich auf wunderbare Weise hätte erfüllen mögen, und wenn ich in dieser Sekunde das Leben verloren und den Tod gewonnen hätte, alle Unbill dieser Welt wäre für alle Zeiten in diesem unstillbaren georgischen Rausch vergangen.

In diesem Augenblick sagte Nelly Amaschukeli: »Auf Wiedersehen!«, und da wußte ich, daß ich wiederkehren müsse, um das Schicksal zu erfüllen, um den Auftrag auszuführen, zu dem ich bestellt war, um nämlich Pistazie zu sein als Pissatelj: ein unverwelklicher Strauch, ein sommergrünes Wesen mitten im Winter. O du unergründliches Horn der Gemse, o du bodenloser Brunnen der Vergessenheit, aus dir habe ich Einsicht und Weisheit getrunken! Aber es blieb mir ein sonderbarer Schaden von diesem Ereignis zurück: auf einmal konnte ich nämlich den linken Arm nicht mehr höher als bis in meine Augenhöhe heben, und wer weiß, ob dieses nicht ein Zeichen des göttlichen georgischen Feuers war, ein spirituelles Brandmal, mit der Linken zukünftig mehr in den unteren und mit der Rechten mehr in den oberen Regionen zu operieren.

Als wir am nächsten Tag Mzcheta, Georgiens alte Hauptstadt, besuchten, da fanden wir uns fast schon zurecht. Washa Tatischwili, unser Chauffeur, steuerte den schwarzen Wolga geräuschlos über die Kreuzungen, Dawit Kachaberi, unser Dato, zeigte nach den marmornen Schafen, nach den basaltenen Adlern, nach den granitenen Denkmälern, nach den sandsteinernen Weinornamenten. Es gibt keine Wiederholungen: Jason und seine Argonauten holten das Goldene Vlies aus Kolchis zurück; der Adler fraß die Leber des Prometheus, der an den Kaukasus angekettet war; Wachtang gründete das Patriarchat von Mzcheta; und überall hängen die Girlanden der Weinornamente, an Kirchen und Palästen, an Bürger- und Bauernhäusern. Nichts wiederholt sich, aber alles wächst nach: die Wolle der Schafe, die Leber des Prometheus, die Macht der Patriarchen und das göttliche Feuer des Weins. Ja, auch das göttliche Feuer wächst nach, es glimmt ein Funke in der Asche, der nicht verlischt.

Auch in der Swetizehoweli-Kirche kommen die Ornamente nur einmal vor, sie sind wie die Speiseschalen auf den georgischen Tischen, man muß sie ausschöpfen, denn wenn den ersten Schalen die nächsten folgen, dann sind die Reste der ersten schon längst verloren. Alles verwandelt sich, und wenn es aus Stein und für die Dauer geschaffen ist, dann hat der Steinmetz seinen Meißel etwas tiefer angesetzt, wenn er ihn hätte höher, und etwas höher, wenn er ihn tiefer hätte ansetzen sollen.

Die Adler sind Hühneradler, ihre Flügel, die gar keine richtigen Fittiche sind, hat der Hahn gerupft; die Stiere sehen aus wie Moris' gemalte Stiere, mit Tränen in den Augen und einer Nelke hinter dem Horn; König Wachtangs Schwert ist ein Schleppsäbel, sein Pferd trägt einen Knoten im Schwanz, das Wolfshaupt schaut voller Neugier nach dem Fernsehumsetzer; wachsam ist die Mutter Georgiens, sie hält den Säbel quer, aber die Weintrauben hält sie in die Höhe, ja, die Feinde werden besiegt: wenn der Säbel sie nicht fällt, dann fällt sie der georgische Wein.

Nur Lenin steht da und darf sich nicht rühren, Lenin, der sich so vorzüglich zum Denkmal eignet. Er ist kein Georgier gewesen, und nichts Georgisches ziert seine biedere Gestalt, alles wiederholt sich und nichts wächst nach: das rechte ist immer sein Standbein, das linke immer sein Spielbein; die rechte Hand streckt er beschwörend aus, in der linken hält er seine Schiebermütze. Verzweifelt ruft er zu uns herüber, man sieht es seiner verkniffenen Miene an; aber es hört ihm niemand zu, vielleicht, weil er es auf russisch ruft, vielleicht, weil er leichtfertig die Nelke von seiner Mütze entfernt hat.

Dshansugh Tscharkwiani, der Schnurrbärtige, spricht georgisch; Dshemal Tschachawa, der Lockenkopf, spricht mingrelisch; auch sie haben Lenin rufen gehört, sie haben die Ohren gespitzt und die offene Hand hinter die gespitzten Ohren gehalten, Lenin rief: »Wir müssen es dahin bringen, daß jedes Kraftwerk, das wir bauen, zu einem Stützpunkt der Aufklärung wird!« – aber Dsansugh und Dshemal haben immer noch Gogis »göttliches Feuer« im Ohr, ja, das göttliche Feuer ist das Kraftwerk ihrer Aufklärung, sie singen nicht das Lied von den Signalen, die zum letzten Gefechte blasen, sie singen: »Suliko!« und wer je in seinem Leben Dshansugh und Dshemal hat »Suliko« singen hören, und wer dabei ihre Augen, diese großen runden Augen des Königs Irakli, hat glänzen, und ihre Nasen, diese schönen stattlichen Nasen der Königin Thamar, hat beben sehen, der wird fürderhin das göttliche Feuer Georgiens mit anderen Augen ansehen als er es bislang getan hat, schließlich ist es Prometheus, dieser Georgier, gewesen, der das Feuer vom Olymp geholt und nach Georgien in den Kaukasus gebracht hat.

Es ist Donnerstagabend, ein dünner Schnee fällt über Tbilissi, wir sitzen in einer ländlichen Hütte am Stadtrand und feiern das Tamada-Fest.

Im offenen Kamin brennt ein Kistenholzfeuer. Es brennt rasch herunter, aber Dshemal, der Lockenkopf, legt immer neue Kistenbretter nach. Er nimmt die Kisten eine nach der anderen in die Hand, schlägt sie auf seinen Ellenbogen, schlägt sie auf sein Knie, schlägt sie auf seinen Kopf, ja, Dshemal schlägt die Bretter auf seinen Lockenkopf, er zeigt uns, auf was für einem harten Schädel seine Locken wachsen, die Kistenbretter splittern und krachen, Dshemal wirft sie lachend ins Feuer, und dann spreizt er die Beine und wirft er die Arme in die Luft, er tanzt und springt, er balanciert ein Weinglas auf seinem Lockenhaar, und Dshansugh, der große Tamada, zwirbelt seinen Schnurrbart und bringt einen Trinkspruch aus. Oh, Dshansughs ganzer Stolz ist sein Schnurrbart, er behandelt ihn wie ein lebensnotwendiges Glied seines Körpers, er streichelt ihn, er kämmt ihn, er nimmt ihn zärtlich in seine Hände, dreht ihn zwischen den Fingern, traktiert ihn und kennt keine Milde mit ihm, dann aber zeigt er wieder seine Sorgfalt und seine Verliebtheit, er liebkost ihn und läßt jedes seiner Haare einzeln durch seine Finger gleiten.

Und dann singen sie, Dshansugh und Dshemal singen: »Suliko!« Zuerst singen sie ganz leise und einstimmig; aber einstimmig zu singen, wenn man zu zweit ist, das ist nicht georgisch: wenn zwei Georgier miteinander singen, dann singen sie zweistimmig, sind es drei, dann singen sie dreistimmig, sind es neun, dann singen sie neunstimmig. An diesem Abend sind es zwölf, und sie singen zwölfstimmig, und Martin, der auch »Suliko« singen kann, singt mit, und so singen sie dreizehnstimmig: dreizehnstimmig erklingt »Suliko«, aber fragt mich nicht, wen der Name meint. Dshansugh meint vielleicht die Seele des Dichters, er ist ja selber einer; Dshemal meint vielleicht eine geliebte Frau, er schaut so verzückt auf Clara; Martin jedenfalls meint das Land Georgien, wenn er »Suliko« singt, ja, er singt so inbrünstig »Suliko«, daß es nur Georgien sein kann, dessen er sich mit soviel Stimme und mit soviel Seele versichern will.

Und auf einmal fängt das Kistenholzfeuer zu duften an, es duftet so balsamisch, als sei es das Holz der Rebe, das Holz der Quitte, das Holz der Pistazie. Und tatsächlich, es sind Clara und ihre vier Pistazien, die in Brand geraten sind. Das Feuer im Kamin brennt herunter, aber der Bauch und der Kopf der Pissatelj sind entflammt, sie glühen, und das Feuer der Pissatelj schlägt auf Dshansugh und auf Dshemal zurück. Der Schnurrbärtige rezitiert noch leidenschaftlicher, und der Lockenkopf hüpft noch höher als zuvor, so heftig springt die Flamme über. Wir sitzen da, zuerst hatte sich der Tisch gebogen, nun bogen sich die Bänke. Dshemal hüpft und tanzt, daß die Kisten zusammenstürzen, und Dshansugh deklamiert: »Wie ein Gepard will ich auf der großen Zehe stehn / und noch einmal die verflossnen Tage sehn, / und dann sterbe ich so schön.«

Ich konnte inzwischen meinen linken Arm noch nicht einmal mehr über die Schulter hinaus bewegen. O ihr süßen georgischen

Grausamkeiten! dieses Armgebrechen würden nur noch die heißen Quellen heilen, das war gewiß. Und so stiegen wir am nächsten Morgen in die Marmorwannen des türkischen Bades, dem Himmel sei Preis, daß ich georgische Männer habe ihrer Röcke und Hosen, ihrer Stiefel und Strümpfe sich entledigen sehen! Und da stiegen sie vor meinen Augen in das marmorne Becken, barhäutig vom gelockten Scheitel bis zur hörnernen Sohle, so wie der allmächtige Grusinius sie erschaffen hatte, stolz und natürlich bewaffnet, mit dem natürlichen Bauchfell und mit dem natürlichen Schleppsäbel wie König Wachtang.

Dshemal beginnt wieder zu singen, Dshansugh fällt ein, Washa kommt hinzu, dann singen wir alle, und Puschkin, der hier vergebens seine Schwindsucht auskurieren wollte, ist gegenwärtig mit seinen Versen auf die schöne Weggefährtin. Vor dem Guckloch in der Tür huscht ein schwarzes Mandelauge vorbei: eine Schwiegermutter schätzt den Schaden ihres zukünftigen Tochtermannes ab, vielleicht ist es Dshansugh, vielleicht ist es Dshemal.

Aber schon tritt der Badewärter durch die Tür, ein hagerer Türke mit Schnauzbart und säbelkrummer Nase. Er nimmt mich aus dem Becken, schreckt mich mit dem kalten Wasserstrahl und wirft mich auf die nasse Marmorpritsche, die in der Ecke aufgemauert ist. Mit einem Tuchsack und einem Körnchen Seife wringt er Schaum, er hüllt mich in die weichen georgischen Flocken und rollt mich, bis ich auf den Rücken zu liegen komme.

Heilsames türkisches Bad von Tbilissi! in einer Wolke von Seifenschaum bewege ich Hände und Füße, mein linker Arm ist auf einmal leicht und biegsam in den Flocken wie ein Bäumchen im Aprilschnee, er läßt sich drehen, er läßt sich kugeln, er duftet wie ein Pistazienzweig.

Aber jetzt springt der Türke plötzlich auf die Marmorpritsche, mitten auf meinen Rücken. Er drückt und klopft, er knetet und walkt, er reißt an meinen Armen und zerrt an meinem Bein, als wolle er mir erst die Knochen brechen, dann das Kreuz ausrenken und am Ende bei lebendigem Leibe die Haut abziehen. Der Türke wütet auf meinem Körper, als hätte er einen Christenhund unter sich liegen, wahrhaftig, er gebärdet sich wie der rächende Suliman in der Schlacht von Konstantinopel, er zischt mit seinen Zähnen, er schnaubt in seinen Bart, dann wälzt er mich auf den Rücken, und über mir spreizen sich die Schenkel und schwellen die Brüste einer nackten Frau, die tätowiert auf seiner Brust erscheint. Kein Bitten und kein Flehen stillt seine Wut, erst als die Tür sich öffnet und die Frauen eintreten, Fee in ihren gelben Stiefeln und Medea mit ihrer gestrickten Mütze, erst als von neuem die Platten und die Schüsseln hereinkommen, der gesalzene Fisch und die gebrühten Maultaschen, die Fleischrollen und die Brotfladen, der Wodka aus Moskau und der Urquell aus Pilsen, da dämpft auch der tätowierte Türke seinen Elan, aber nun ist auch mein rechter Arm nicht mehr in der Lage, die Gabel und das Glas zum Mund zu führen.

Was sollte ich also am Abend tun, als Gast bei Lado Gudiaschwili? Lado hatte uns in sein Haus eingeladen, er ist Maler, er, der berühmte Lado Gudiaschwili wohnt in einem Palast, er hat sich verdient gemacht um die georgische, um die sowjetische, um die sozialistische Malerei, ja, Lado wohnt in einem Prinzenpalais, er schreitet in weiten Räumen auf und ab, er braucht sich nicht wie ein Held der Arbeit zu bewegen. Seine Frau heißt Nina wie die Frau von Kandinsky, sie tritt aus dem violetten Salon, eine Grande Dame aus Sankt Petersburg, wedelt mit einem Chiffontuch und erzählt die alten Anekdoten aus der Pariser Zeit der zwanziger Jahre.

Damals hatte Lado mit Modigliani und Majakowski in der »Rotonde« am Montparnasse gesessen, Caféhausszenen gemalt, in denen noch die rebellische Träne der Wut in den Augen der jungen Männer glänzte. Dann malte er nur noch Tänzerinnen und Kulissen, die schöne Maja und die nackte Venus, Flaschen und Füllhörner, Schaschlikspieße und Spanferkelbraten, ein rotes Pferdchen und ein blaues Reh, alle für seine gelben und grünen Salons.

Wir stehen vor den Bildern, die Arme in die Hüften und die

Gedanken gegen die Schädeldecke gestellt, Clara ist in allen Gemälden und auf allen Pastells zu sehen: ihr rundes Gesicht ist der Lichtblick in diesen gewölkten Schummrigkeiten. Frau Nina bittet zur Tafel, es gibt kandierte Weintrauben und türkischen Honig, die Torte hat außer uns nur Pasternak kosten dürfen. Wir essen mit silbernen Löffeln und trinken aus goldenen Tassen, und der georgische Kognak glänzt in Karaffen aus böhmischem Kristall.

Lado Gudiaschwili schenkt ein, und Frau Nina wedelt wieder mit ihrem Chiffonschal. Da schreibt Martin sein erstes georgisches Gedicht. Er schreibt von Lado und seinen Gemälden, sein Herz zerspringt schier vor lauter Empfindsamkeit, er dichtet in Lados Stammbuch, aber am liebsten würde er Lado Gudiaschwili umarmen, ihn an sein empfindsames deutsches Herz drücken und mit ihm, zweistimmig, »Suliko« singen.

Samstags brachen wir in den Kaukasus auf. Hat der Mensch sich einmal entschlossen, nach Georgien zu reisen, und sei es mitten im Winter, wenn der Kaukasus von abendländischem Schnee und die Stadt Tbilissi von morgenländischen Gerüchen überschüttet ist, dann soll sein wichtigstes Reisegepäck nicht ein so stoffliches Ding wie ein Koffer mit langen Unterhosen oder eine Tasche mit Ohrenwärmern und Bettsocken sein, nein, für eine Winterreise nach Georgien taugt nur die wärmende Empfindsamkeit. Die Trinksprüche des Tamada entzünden das göttliche Feuer, und was dieses imaginäre georgische Feuer nicht bewirkt, das holen auch die Unterhosen, die Ohrenschützer und die Bettschuhe nicht nach.

Wir fuhren nach Kachetien, zum Haus des Dichters Leonidse. Leonidse lebt nicht mehr, aber das Holzhaus hält sein Gedächtnis an frühe revolutionäre und späte beschauliche Jahre wach. Auf Zeitungsfotos und Parteiplakaten ist er mit Jessenin und Pasternak, mit Galaktion und Tizian Tabidse zu sehen, und auch wir werden zum Gruppenfoto gebeten: Ilja Tschartschawadse, der Quälgeist mit der Kamera, ordnet uns vor dem Riesenfoto Leonidses wie eine Fußballmannschaft an: da stehen, da knien und da liegen wir auf dem großen Holzbalkon, Martin trägt die Schiebermütze, Petra schaut nach dem schönen Schauspieler, Dshemal hat seine Hand auf Claras Schulter gelegt.

Auch der Bruder von Moris ist mitgekommen, er ist doppelt so dick, er singt doppelt so laut, und er raucht doppelt so viel, aber sonst sieht er genauso aus wie Moris. In Leonidses Garten liegt Schnee, und doch duftet es nach frischem Lauch. Und wieder essen wir, und wieder trinken wir, unter dem Holzbalkon von Leonidses Haus ist ein ländliches Frühstück im Freien gerichtet. Was das Wasser aus der Schwefelquelle von Borshomi nicht heilt, das heilt der rote kachetische Wein.

In der Kolchose von Sagredjo begrüßt uns eine energische Medea, die Bürgermeisterin. Jetzt haben wir zwei Medeas, Medea secretaria und Medea poetessa. Aber die Parteisekretärin ist nicht gelb im Gesicht wie unsere Dichterin und hat Ringe um die Augen, nein, sie trägt einen Schnurrbart über der Lippe und Lederstiefel an den Füßen. Im Kulturhaus von Sagredjo sitzen 600 Menschen und lauschen Gedichten. Bis auf den letzten Platz ist der Festsaal besetzt, die Menschen vom Land sind alle gekommen, sie haben ihre Hacken und Spaten in die Ecke gestellt, und jetzt sitzen sie da und lauschen den Dichtern, wie ist es möglich?

Ja, wie kommt es, daß 600 Menschen ihre genossenschaftlichen Äcker und Weingärten verlassen, um Gedichten zu lauschen? Ein Mädchen in einer weißen Schürze begrüßt uns auf deutsch. »Delegation eines Volkes«, sagt Nana Garsischwili aus der 10. Klasse, »das Friedrich Engels und die Brüder Grimm hervorgebracht hat.« O ihr georgischen Mädchen der Mittelschule von Sagredjo, wie nah liegen die Revolutionen und die Märchen beisammen! Die gute Fee ist zu euch gekommen, sie trägt eine Nelke in der Hand, sie spricht von eurem schönen Land und von euren trinkfesten Bürgermeistern, und siehe da, ihre gelben Gummistiefel sind zu wahrhaftigen Kolchosestiefeln geworden.

Medea poetessa rezitiert mit fester Stimme ihre Gedichte, ihr gelbes Gesicht rötet sich, ja, der Adler vom Kaukasus läßt von ihrer Leber ab und wendet sich wieder der Leber des Prometheus zu. Martin tritt an die Rampe und sagt ein Gedicht auf, Moris rezitiert seine Übersetzung, Martin wirft Nelken in den Saal, sie verwandeln sich in Rosen, und die Menschen von Sagredjo rütteln an den Grundfesten ihres Kulturpalastes. Dann singen die Mädchen aus der Mittelschule: »Eine neue Liebe ist ein neues Leben.« Medea secretaria überreicht uns schwarze Käppis und eine kachetische Anstecknadel: mit den Käppis sehen wir alle aus wie ihre Kolchosearbeiterinnen, nur Clara hat sich als etwas Besonderes entpuppt, sie sieht mit ihrem Käppi aus wie eine Stewardeß von Aeroflot.

Die Menschen jubeln und applaudieren: Friedrich Engels und die Brüder Grimm, ja, wir haben der Welt nicht nur den dialektischen Materialismus, wir haben ihr auch seine Popularisierung beschert, o ja, es gibt nicht nur die Vernunft, es gibt vor allem ja die Unvernunft der Geschichte. Darüber freuen sich die Georgier, und haben sie bei Martins Versen aus lauter Begeisterung fast ihren Kulturpalast abgerissen, so bücken sie sich doch auch nach den Nelken und heften sie an die Anstecknadeln ihrer Kolchosekäppis. Jätim Gurdschi, ein georgischer Arbeiterdichter, trug im Jahre 1905 bei einer Demonstration ein Transparent mit der Aufschrift: »Ich freue mich, wenn ich auch nicht überzeugt bin.«

Es ist Winter, auf den Höhen des Kaukasus liegt Schnee, in den Straßen von Tbilissi aber fließt schon das kachetische Schmelzwasser über den Rustaweli-Prospekt und spült die müden Helden in das Bett der Kura. Im Palast der Pioniere singen die Mädchen: »Komm lieber Mai und mache die Bäume wieder grün.« Die Tänze, die Ballette, die Gesänge, die Chöre: noch einmal erklingt »Suliko«, und jetzt ist es Thamar, die schöne Königstochter, für die sich die Knaben der Msuri-Gruppe Arme und Beine ausreißen.

Der Palast der jungen Pioniere ist ein Märchenschloß. Dshansugh trägt seinen silbernen, Clara trägt ihren goldenen

Gürtel, die Knaben rütteln an ihren Dolchen, als gelte es, die Unvernunft der Geschichte gewaltsam zu korrigieren. Friedrich Engels und die Brüder Grimm sitzen auf purpurnen Sesseln, sie sitzen auf dem »archimedischen Punkt«. Eine Geiß trägt hundert Fuder Schmalz an ihrem Leib, auf einer Linde wachsen heiße Fladen, ein süßer Honig fließt wie Wasser ins Tal: Friedrich Engels und die Brüder Grimm sitzen im Schlaraffenland; sie sagen: »Deck dich!« und das Tischlein deckt sich; sie sagen: »Bricklebrit!« und der Esel speit Goldstücke von hinten und vorn; und wenn irgendein diebischer Wirt, ein mißgünstiger Händler, ein raffgieriger Unternehmer mit Raub und Überfall droht, dann sagen sie: »Knüppel aus dem Sack!« und sind gerettet. »Die menschliche Einbildungskraft befriedigt hier das Verlangen, das große, alle Schranken zerschneidende Messer einmal mit voller Freiheit zu haben.« Wer hat es gesagt, war es Friedrich Engels oder waren es die Brüder Grimm?

Ja, am Ende sind sie noch einmal an die Tafel von Grigol Abaschidse gekommen: die Brüder Tschiladse kamen, Nodar Dumbadse kam, es kam Phridon Chalwaschi vom Ufer des Schwarzen Meeres, er hat Sträuße von Mimosen mitgebracht, Dshansugh und Dshemal scharren den Schnee vom Grabstein Nodar Ruchadses, wir legen die Mimosen auf den kalten Stein. »Noch im Tod von unendlicher Zartheit umgeben«, sagt Phridon in einem Gedicht von einer verdorrenden Tanne, ja, erfrieren, verbrennen ist eins. Alles hatte damit angefangen, daß Petra in der ersten Tbilisser Nacht die Schleppsäbel herauf-, und es hatte damit aufgehört, daß sie am Ende diese Schleppsäbel heruntergespielt hat; am Ende waren wir abgehalftert, wir hatten abgeschnallt, die Schleppsäbel hingen herum, sie waren noch nicht einmal in die Scheiden gesteckt, ja, es waren nur noch Schleppsäbel, die unter den stattlichen Wämsen hervorschauten: das war das Ende vom Lied, das bittere Ende nach so viel süßem Brei.

Als ich morgens aufwachte, war ich an allen Gliedern gelähmt. Der linke Arm gehorchte nicht mehr meinem Willen, und auch das Hirn zeigte keine Regung mehr. In der Klinik von Tbilissi lag ich auf weißem Laken, um mich herum stand das Ärztinnenkollegium versammelt, und hinter den sieben Ärztinnen standen Petra und Fee, Martin und Gogi, Moris und Nelly, eine ganze georgische Trauergemeinde.

Es waren beileibe keine Krankenschwestern, die mich betrachteten, wie ich da lag und an ein seliges Ende dachte. Nein, es waren Ärztinnen, in ein geheimnisvolles Kolloquium verstrickt, es herrschte ein sanfter spiritus familiaris, ein sorgsames Spezialistentum: die erste fühlte meinen Puls, die zweite maß meinen Blutdruck, die dritte steckte mir das Thermometer zu, die vierte schloß mich an die EKG-Maschine an, die fünfte horchte an meinem Herzen, die sechste streifte mir die Hose herunter, und die siebte gab mir eine Injektion.

O sanfte Injektion im Hospital von Tbilissi! Da lag ich und dachte daran, daß es wohl möglich sein könnte, gar nicht mehr anderswo zu liegen als hier im Hospital von Tbilissi und dann in einem Sarg aus kaukasischem Pistazienholz, das so gut polierbar ist und sich einen vornehmen Anstrich gibt. Hier oder daheim, dachte ich, es ist wohl doch nicht dasselbe, und es war mir gar nicht leicht ums Gemüt. »Saarbrücki / Saar-jubki«, sagte Dshansugh, ja, erfrieren, verbrennen, vielleicht ist es doch Jacke wie Hose.

Wir fliegen nach Leningrad und sehen wieder Denkmäler, jetzt sind es die Peter und die Paule, die Alexander und die Nikolause. Im Nachtexpreß reisen wir nach Moskau. Anna Karenina sitzt im Nebenabteil und schreckt jedes Mal zusammen, wenn der Streckenwärter ans Gestänge schlägt. Madame Salinger geb. Saling aus Theodor Fontanes »Irrungen Wirrungen« ist mit ihrer zehnjährigen Tochter zugestiegen. »Die Kleine (leider) rennt nach wie vor von einem Coupéfenster zum andern«, schreibt Fontane, »und dabei nascht sie beständig Kuchen: kleine, mit Kirschen und Pistazien belegte Tortenstükke.« Wir sitzen mit Clara im reservierten Dichterabteil: draußen findet das Leben statt mit Brot- und Rübenessen, wir sind die Pistazien auf den literarischen Törtchen.

Unser Moskauer Quartier ist das Hotel Peking: die Pferdeschwänze sind zu Pfauen- und Reiherschweifen geworden. Aber im Clubhaus des Sowjetischen Schriftstellerverbands sitzt Trifonow in der Ecke und ißt eine Rotrübensuppe, wir sind wieder in Rußland. Bei Jewgenij Rastorgujew essen wir Marmeladebrote, bei Clara essen wir Mumio, einen Kohlenstoff, den Claras Mann vom Meeresboden heraufgeholt hat. Bei Bulat Okudschawa trinken wir Tee, bei Bella Achmadulina trinken wir Limonade. Bella bricht Eiszapfen vom Fenstersims, sie kühlt sich Brust und Stirn, ja, wir sind wieder in Rußland.

Jetzt beginnen die Steine zu reden. Aber es sind nicht die Sandsteinquadern des Peking-Hotels, und es sind auch nicht die Marmorsäulen der Metrostationen. Es sind die Moskauer Denkmäler, und tatsächlich, sie erzählen uns alle eine kleine traurige Geschichte. Gorki hat seine Linke in die Rocktasche gesteckt, in der Rechten trägt er Hut und Stock. Auf Puschkins Hut ist Schnee gefallen, Majakowski schaut grimmig in das vierte Jahrzehnt. Er hat einen Finger zwischen die Seiten eines Buches geschoben, vielleicht ist es die Stelle, wo es heißt: »Groß ist vor uns der Aufgabenkreis / die Menschen brauchen Gedichte, Poeten.« Damit fliegen wir zurück. Die Flügel rauschen, die Schwingen tönen, die Menschen brauchen Gedichte.

Adieu, schöne Schneekönigin, adieu, Clara, deine Pistazien sind in die fliegende Schachtel gepackt, und sie reisen. Clara Stoljarowa, du hast dich mit dem Zweig des Mastixstrauchs geschmückt wie die Nymphe der Diana, aber du hast einen Toast auf die Männer ausgebracht, als der Tamada und alle seine Nachredner die Frauen rühmten.

Wie schön wäre es, Pistazie zu bleiben, die Würze in der Rede, ihr Witz und ihr Geschmack. Aber mit Pistazien ist es nicht getan. Nein, Pistazien sind wohl nicht Pfeffer und Salz, nicht Knoblauch und Paprika, Pistazien auf literarischen Törtchen sind nicht Salz und Brot. Pimpernüsse, sagten die Brüder Grimm. Nein, mit Pimpernüssen ist es nicht getan.

Noch zwanzig Minuten bis Buffalo

Langstreckenlauf durchs Kurzschuljahr

Kurzschuljahr: die magische Formel für die pädagogischen Trainer, gelockert die Muskulatur, ausgeschüttelt das Blei aus den Gliedern, die Langstrecke zur Mittelstrecke gekürzt, Zeitlimit unverändert, das Jahr zu knapp vierundzwanzig Wochen: da kracht der Schuß aus der Pistole: und schon sind die Junioren raus aus den Startlöchern, touristisch gedopt, kein Bleiben bei den Phäaken, kein Verweilen in den Ölhängen Arkadiens, in einer Stunde über den Fels der Dardanellen durch die Steppen Anatoliens, in zweien über die Pipelines der Ölscheichs hinweg, flugs übers Dach der Welt zu den Quellen von Hoangho und Jangtsekiang, im gestreckten Galopp mit den Kühen vom Ganges, ein halber Blick nach dem halben Pakistan jenseits des Indus, ein halber hinter den Dschungel Bengalens, im Husch über die Mandalaystraße nach Singapur, Hals über Kopf durch den Urwald Sumatras, nur für ein paar Pfeifenzüge in Bali und Batavia, in großen Sprüngen mit den Känguruhs Australiens, haste was kannste nach Nagasaki, ein Blick nach Tokio, aber schon in Ägypten, kein Rasten am Nil, über Stock und Stein durch die Sahara, die Absätze fliegen im Atlasgebirge, sausend durch den Sudan, kopfüber durch Kongo, Katanga, die Kalahari, aber schon wartet Amerika, marsch marsch nach Labrador, hula hula nach Hawaii, zurück nach New York, hinüber nach Frisco, noch im Rückwärtsblick die Schlachthöfe Chikagos, noch ein Augenaufschlag für Niagara, noch zwanzig Minuten bis Buffalo, aber mit Siebenmeilenstiefeln durch die Prärie, wie aus der Pistole geschossen nach Sacramento, im Zeitraffer durch Mexiko, die Ohren schleifen über den Popocatepetl, die Funken stieben in Kuba, da sind schon die Llanos, aber im Volldampf über den Amazonas tut sich Brasilien auf, rasch mit der Tür ins

Haus nach Rio, Feuer unter den Schwanz der Pampashengste, presto nach Patagonien, allegro über die Anden, flink nach Antofagasta, geschwind zum Titicaca-See, noch einmal mit dem Wind um die Wette, atlantischer Atem, pazifische Puste, veni vidi vici, das Erdenrund ist unser.

Zürcher Rede
über die Notwendigkeit der Luftkutscherei

Es war meine Großmutter, die zu mir gesagt hat, ich sei ein Luftkutscher. Ich war damals noch ein Kind, aber ich bin ein Luftkutscher geblieben und habe schließlich die Luftkutscherei zu meinem Beruf gemacht. Tag für Tag breche ich auf nach Utopia, wo die Menschen viel Spaß an den Narren haben und wo es als sehr ungehörig gilt, denselben etwas zuleide zu tun; ich reise nach Orplid, wo die Narretei sogar soweit geht, daß Könige in Wärter verwandelt werden, die einen Jungbrunnen bewachen, dessen Wasser sich immerzu erneuert; ich richte mich ein in meinem Wolkenkuckucksheim, worin ich Reifen und Bälle und ganze Spielzeugraketen aus Wörtern zusammenbaue, und alles nur den anderen Menschen zuliebe.

Ich bin, wie gesagt, ein Kindskopf geblieben, worüber sich mein Freund Eugen, der Wohlgeborene, der Erwachsene, erbost und entsetzt und zu mir sagt: »Warum mußt du den Hallodri machen, der Clown sein, den Eulenspiegel mimen?«, und schon zu Ostern des Jahres 1948 hat Fräulein Prümm in mein Zeugnis des Lehrerseminars von Saarbrücken wortwörtlich geschrieben: »Er muß sich eines verantwortungsvolleren Verhaltens befleißigen.«

Ja, ich bin ein Luftkutscher. Ich sitze wie der arme Kaufmannssohn im fliegenden Koffer und zünde mit meinen Wörtern bunte Raketen; ich stehe wie der Clown im Zirkus und balanciere mit den Wörtern auf der ausgestreckten Zunge; ich gehe wie der Eulenspiegel durch die Straßen und drehe den Menschen das Wort im Mund herum. Ich vollführe Luftsprünge, ich treibe Possen, ich reiße Witze; ich mime den Narren, ich spiele den dummen August, ich mache den Leuten den Hanswurst, und das alles halte ich für das Wichtigste im meinem und für das Notwendigste im Leben der anderen Menschen. Ja, ich halte diese spielerische Tätigkeit für eine noch ernstere Sache als das Leben selbst, was ja Wolfgang Koeppen schon in einem Gespräch mit Horst Bienek ausführlich erläutert hat.

Wenn es mich nicht geben würde, der mit den Wörtern Feuerwerke abbrennt, mit ihnen balanciert und sie nach allen Seiten wendet, wer weiß, die anderen Menschen würden womöglich die Wirklichkeit für wirklich und die Vorstellung für vorgestellt halten, sie würden ein Wort von Jesus Christus oder ein Wort von Karl Marx für bare Münze nehmen und sich für die geglaubte Wahrheit dieser Worte den Schädel spalten lassen, ohne je in ihrem Leben auf die Idee gekommen zu sein, daß die Wirklichkeit in Wirklichkeit vorgestellt und die Vorstellung in der Vorstellung wirklich sein kann, wie ja auch die Wirklichkeit in der Vorstellung wirklich und die Vorstellung in der Wirklichkeit vorgestellt ist, je nachdem, ob der Mensch mit dem rechten oder mit dem linken Auge zwinkert, wenn er die Welt betrachtet, ob er nach hinten oder nach vorne, nach oben oder nach unten schaut, was alles ja auch keine eindeutigen Richtungen, sondern eher vorgegebene Standpunkte sind.

Das Drehen, das Balancieren, das Zünden der Wörter, wie wären diese Spielereien alle so notwendig! Aber leider kommt es immer anders, denn anstatt daß die Menschen sich von mir in dieses fröhliche Reich des Spiels führen lassen, von dem Schiller sagt, daß in ihm die Fesseln aller Verhältnisse fallen, der Mensch von allem, was Zwang heißt, selbst im Moralischen, entbunden wird und niemand mehr an die fix und fertigen und ein für alle Male festgelegten Wahrheiten zu glauben braucht, klammern sie sich an die Strohhalme und glauben sie an die Verlegenheitslösungen der Medizinmänner.

Der größere Spielraum wird zur Spielwiese und das Leben für eine ernstere Sache als die Literatur erklärt und ich, mit meiner Luftkutscherei, bin immer eine lächerliche Figur. Und dabei, wie gut meint es der Dichter mit den Menschen! Er meint es so gut, daß er keine Strapaze scheut, die Menschen zu besseren Menschen zu machen und ihnen zu einer schöneren Zukunft zu verhelfen. Ja, er will allen, Männern und Frauen, Knaben und Mädchen ein Stück Freiheit schenken; dafür reist er durch die ganze Welt, es ist ihm keine Anstrengung zu groß, um diesen Menschen allen den Narren zu mimen, den dummen August zu spielen und den Hanswurst zu machen.

Und was ist der Dank dafür? Überall, wo er hinkommt, erntet er statt Beifall und Lob, statt Achtung und Anerkennung nur Tadel und Mißbilligung, nur Zurechtweisung und Zusammenstauchung. Mag sein, daß die Menschen ihm applaudieren und zujubeln, wenn er sein Buch zuklappt, und es sieht immer für einen Augenblick so aus, als ob es zu Umarmungen und Verbrüderungen kommen könnte zwischen dem Dichter und den Menschen, aber da zieht ein erster die Mundwinkel herunter, ein zweiter schiebt die Unterlippe vor, ein dritter zuckt die Achsel, ein nächster schüttelt den Kopf, und im Handumdrehen runzelt jeder mit der Stirn und rümpft die Nase, schon geht ein Scharren mit den Füßen los, und wenn faule Eier oder Tomaten zur Hand sind, dann hat sich der Lesesaal im Nu in eine Arena verwandelt. Es ist ein Wunder, daß aus dem Pinscher nicht längst schon ein Mistvieh oder gar ein Affenarsch geworden ist. Dabei beginnt es immer sehr hoffnungsvoll. Der Dichter reist fröhlichen Sinns in die Nähe und in die Ferne, er zieht in die großen Akademien ein, er verschmäht aber auch nicht die kleinen Buchhandlungen, er giert nach den pompösen Kolloquien, er bescheidet sich aber auch mit den schlichten Kaffeekränzchen. Immer und überall jedoch begibt er sich in Gefahr, denn die Haarspalter und die Besserwisser, die Meckerer und die Quengler, die Nörgler und die Mäkler, und was ja viel schlimmer ist, die studierenden, die praktizierenden und die pensionierten Schulmeister sitzen schon in ihren Bänken, nicht, um dem Dichter zu lauschen und mit ihm die lebensnotwendigen Luftsprünge zu üben, nein, sie sitzen da, um ihm die Leviten zu lesen, am liebsten, bevor der Dichter überhaupt den Mund aufgetan hat. Da steht er nun, in Rockershausen oder in Bonn, in Hof oder in Regensburg, so wie ich jetzt hier in Zürich stehe, versucht, seinen

Mund aufzumachen, und sogleich wird er durch die Mangel gedreht.

Rockershausen, ein Ortsteil von Altenkessel, hinter Burbach über dem rechten Saarufer gelegen, läßt keine Anspielung auf irgendwelche Lederjacken und Sturzhelme zu. Im Gegenteil, im evangelischen Gemeindesaal sitzen die alten Frauen friedfertig beim Strickstrumpf und beim geblümten Kaffeegedeck. Und doch, wer weiß, was aus den Männern dieser Frauen geworden ist? Der Pfarrer fragt: »Was singen wir?«, und die friedfertigen alten Frauen, im Vollbesitz ihrer körperlichen Kräfte, sagen: »Lobe den Herren.« »Ja«, sagt der Pfarrer, »das kann man immer singen«, und die rüstigen Frauen singen: »Lobe den Herren«, worin es heißt: »... der künstlich und fein dich bereitet.« Die Frauen singen: »Psalter und Harfe wacht auf!«, und schon blättert der Dichter in seinen Büchern.

Der Pfarrer verliest ein Traktat über die Freude, dann gibt es Kaffee und Kuchen. Aber es ist nicht einfach ein beliebiges Stück Kuchen, ein Stück saarländischen Quetschekuchen oder Krümmelkuchen, was ja eine schöne Geste dem Dichter gegenüber wäre, nein, als Anspielung auf den Dichter, der das Spiel befürwortet und die Freude lehrt, gibt es einen Windbeutel. Die Gemeindeschwester im frommen Häubchen stellt dem Dichter einen Kuchenteller hin mit einem Windbeutel darauf, lächelt ihm mitten ins Gesicht und sagt: »So, nun stärken Sie sich erst einmal.«

Aber es bleibt nicht beim Hohn, auf den Hohn folgt die Verunglimpfung. Der Dichter liest in Bonn, er ist in die saarländische Vertretung eingeladen, um dort den Sulzbacher Spieltrieb zu demonstrieren und die Dudweilerer Freude zu verkünden. Er schlägt sein Buch auf und liest: »Die Freude ist kein Götterfunken, auch wenn der Saarländer erst mal fröhlich ist und es so aussieht, als fiele ihm dieses in den Schoß.« In diesem Augenblick beginnt der Kameramann des saarländischen Fernsehens seine Assistenten zu dirigieren: der eine spreizt das Dreibein, der andere schraubt die Kamera auf, der Tonmensch

Commercy

operiert mit seinen Mikrophonen, der Lichtmensch hantiert mit seinen Lampen, und er selbst, mit hierarchischem Bewußtsein, streckt dem Dichter seinen Belichtungsmesser entgegen.

Da steht also der Dichter, und mitten in den Verkündigungen wird seine Belichtung gemessen; Minister Rosemarie Scheurlen und Frau Chow Chung-Cheng, die Enkelin des letzten Vizekaisers von China, die gekommen sind, um seinen Wahrheiten zu lauschen, müssen jetzt damit rechnen, daß sich das Fernsehen ihrer bemächtigt und beginnen sich dementsprechend zu verhalten, und als der Dichter sich anschickt, zur Illustrierung seiner Ideen das Märchen vom Hans im Glück zu erzählen, da zieht nicht er, sondern da zieht der Kameramann des Deutschen Fernsehens die Aufmerksamkeit der Menschen auf sich. Eben will der Dichter sagen: »Der Inbegriff der Freude ist die Erleichterung«, da ruft der Kameramann: »Klappe!« Der Kameramann ruft: »Klappe!«, der Assistent schlägt zwei Holzbretter aufeinander, und Rosemarie Scheurlen und Frau Chow Chung-Cheng sitzen in Positur.

O wie schwer ist das Leben eines Luftkutschers, von dem die anderen meinen, es sei ein fröhliches Clowns- und Narrenleben, ein lustiges Treiben von Eulenspiegeln und Hallodris! Wieviel Übung und Geschicklichkeit, wieviel Kunstfertigkeit und Leichtigkeit gehören dazu, Wortraketen zu zünden, ohne sich selbst das Maul zu verbrennen, Wörter auf der Zunge zu balancieren, ohne daß auch nur ein einziges herunterfällt, die Wörter zu drehen, so daß immer etwas anderes dabei herauskommt und die Wirklichkeit in Wirklichkeit nicht nur vorgestellt und die Vorstellung in der Vorstellung nicht nur wirklich ist, ebenso wenig wie die Wirklichkeit in der Vorstellung wirklich und die Vorstellung in der Wirklichkeit vorgestellt ist, o nein, er muß so kunstvoll drehen, so scharfzüngig balancieren, so gewitzt zünden, daß am Ende die Wirklichkeit in der Vorstellung vorgestellt und die Vorstellung in Wirklichkeit wirklich und kein Luftgespinst, kein Luftgesicht, kein Luftschloß, sondern ein lebensnotwendiges Reich des Spielerischen ist, in dem es keine

Verkrüppelungen gibt, auch wenn es unterstzuoberst mit halsbrecherischen Luftkutschereien zugeht.

»Die Sprache ist ein Gewölke, an dem jede Phantasie ein anderes Gebilde erblickt«, sagt Jean Paul, und dafür mußte er dreimal geboren werden, leiblich, seelisch und geistig, und zwar nicht alles dies auf einmal und zur gleichen Stunde, sondern hintereinander und an verschiedenen Orten. Seine leibliche Geburt fand in Wunsiedel statt, dort steht an einem Haus geschrieben: »Jean Pauls Geburtsstätte«. Seine seelische Geburt vollzog sich in Joditz, dort verkündet eine Tafel: »Jean Pauls Jugendheimat 1765–1776«. Und seine geistige Geburt ging in Hof vonstatten, dort heißt es an einem Gebäude: »Jean Paul Schüler des Gymnasiums 1779–1780. Laudi est eum egregias ingenii dotes non neglexisse.« Ja, er darf sich rühmen, seine hervorragenden Geistesgaben nicht vernachlässigt zu haben, und das darf der Dichter auch. Aber der Rockershausener Verhöhnung und der Bonner Verunglimpfung folgen die Hofer Zurechtweisung und die Regensburger Zusammenstauchung nach.

Es ist ein schöner Abend im Mai, ein Schmetterling fliegt durch die Hofer Ludwigstraße, vor der Tür der Buchhandlung Kleinschmidt verweilt er einen Augenblick. Aber er versteht sich ja auf die Luftkutscherei, und so fliegt er weiter die Ludwigstraße hinauf und läßt die Menschen allein dem Dichter lauschen, der dort an einem grünen Lesepult steht. Ich stehe also an diesem Pult, und das Pult ist nicht zufällig mit grüner Farbe angemalt. »Die Natur ist grün«, rufe ich aus, »sie ist noch lange nicht trocken, die Kultur aber ist grau, sie hat es faustdick hinter den Ohren. So erhebend das Gehen in der Natur ist, so niederdrükkend ist das Sitzen in der Kultur.«

Da sitzen nun diese Hofer Menschen, gutwillig und brav, und da sitzt auch das Fräulein Ute aus Döhlau. Die Menschen sind vielleicht schon zum Aufschwung bereit, sie sitzen zwar noch auf ihren Stühlen, aber sie haben ihre Hände schon auf die Sitzfläche gestützt, als wollten sie sich zum Aufschwung abdrücken von diesem schweren Hofer Kulturboden. »Immer mehr lasterhafte

Stubenhocker flezen sich in den Möbelstücken der Kultur!« rufe ich aus, und ich fordere die Menschen auf, ihre seidenen Kniehosen, ihre gestärkten Hemden und ihre gepuderten Perükken auszuziehen und für alle Zeit in die Ecke zu schleudern. Da sagt das Fräulein Ute aus Döhlau, und gerade sie trägt ein paar sehr enge Hosen: »Sie glauben wohl, jetzt hätten Sie einen Volltreffer gelandet.«

Wie habe ich es so gut gemeint mit den Menschen in Hof, wie nahe waren sie am Aufschwung, wie überwunden war fast schon alle Unbill der Welt! Aber nicht nur, daß das Fräulein Ute mich tadelt und zurechtweist, nein, sie schreibt mir eine Woche später einen Brief, um mich obendrein noch zu verhöhnen. Sie schreibt mitten in der Nacht, sie schreibt mit eigener Hand, und sie schreibt drei lange Seiten, daß sie mich nicht mag. Sie schreibt: »Als wir einen kurzen Augenkontakt hatten«, und sie schreibt: »Ich vermisse bei Ihnen die Verantwortung.«

O wie erregt muß das Fräulein Ute gewesen sein, daß sie noch eine Woche danach, sogar eine Viertelstunde nach Mitternacht, mit eigener Hand drei Seiten geschrieben hat; ich könnte den Brief für einen Liebesbrief halten, wenn sie nicht so ausdrücklich geschrieben hätte, daß sie mich gar nicht mag und daß ich ein verantwortungsloser Mensch sei. Ich glaube dem Fräulein Ute, ja, ich bin ein Luftkutscher, und ich darf gar nicht erwarten, daß ich geliebt und geachtet werde. »Sie verstellen sich, um mich zu verderben«, sagt Rousseau von seinen Widersachern, »ich verstelle mich, um mich zu retten.« »In mir habt ihr einen, auf den könnt ihr nicht bauen«, sagt Heinrich Heine, und Herbert Achternbusch sagt: »Wir sind keine Politiker, die den Leuten etwas vormachen. Wir sind Künstler, wir sind Hampelmänner. Die müssen gezogen werden, dann reagieren sie.«

Undankbar ist die Luftkutscherei, aber sie ist so notwendig, daß der Dichter nicht verzweifeln darf. Unverdrossen kutschiert er landauf, landab, aus den kleinstädtischen Buchläden wechselt er in die respektablen Universitäten über, und immer tritt er vor die Menschen, als sei ihm nirgends ein Unrecht widerfahren, so unverdrossen und so hartnäckig ist er. Das eine Mal steht er vor vielen leeren Stühlen, das andere Mal herrscht ein großes Gedränge.

In Regensburg ist sogar am Tag der offenen Tür der Campus der Universität leer, vielleicht weil er so häßlich gepflastert ist. Hans Mayer steht hinter dem Mikrophon des Auditorium maximum, auf der Suche nach einer verlorenen Literatur. Jedesmal, wenn er einen Fund gemacht hat, tritt er einen halben Schritt zurück, so als wollte er einen neuen Anlauf nehmen, das Verlorene doch noch einzuholen. Er zitiert Hölderlin, der den Deutschen eine Gardinenpredigt hält, und er hat recht. Der Präsident der Universität verleiht die Preise, die die oberbayrische Atomindustrie gestiftet hat, er trägt seine Präsidentenkette, und die preisgekrönten jungen Doktoren stehen ihm ganz verlegen gegenüber. Sie haben aufsehenerregende Entdeckungen zur funktionellen Morphologie in den Nebenhodengrenzregionen des Meerschweinchens gemacht, und das verdient in Regensburg Beachtung.

Hans Bender erzählt von der Gründung und berichtet aus der Geschichte der AKZENTE, aber die Studenten haben unter Anleitung ihres Professors statistische Erhebungen angestellt, und sie verhöhnen mit ihren Zahlen und ihren Prozenten die lockere Hand, mit der Bender und Höllerer die zarten Gebilde der Phantasie den numerischen Analysen ferngehalten haben. Professor Gajek zeigt sein energisches Kinn, er ruft den Studenten zu: »Die AKZENTE sind zum Abschuß freigegeben!« Da greift Walter Höllerer nach dem Mikrophon und ist der synthetische, intuitive Geist aus Heines »Nordsee«. Die kleinen analytischen Geister aus Regensburg packen ihre Statistiken zusammen und lachen so verlegen wie die preisgekrönten Nebenhodenmorphologen.

Ich lese meine Geschichte über Herbert Marcuses Satz, daß die gegebene Wirklichkeit ihre eigene Wahrheit habe, ich erzähle von der cherubinischen Wunderhaftigkeit der Poesie und von der tayloristischen Realitätssinnigkeit der Amerikaner, darüber freuen sich die Studenten, und auch ihr Professor sieht so fröhlich drein, als wolle er nun schnurstracks hingehen und die Statistiken in den Sperrmüll tun, wo sie ja auch hingehören. Bernd Jentzsch liest Gedichte, in denen das Wahrscheinliche wunderbar geblieben ist, und Michael Krüger rezitiert ein Gedicht mit dem Titel »Zur Statistik«, in dem es heißt: »Die mittelmäßigen Mörder, die in der Nacht den Kopf erstürmten, sind am Morgen erledigt.«

Nein, in Regensburg herrscht kein geistiges Gedränge, schon lange vor Mitternacht stehen die Wirtshausstühle auf den Tischen, nur das »Maxim« hat eine offene Tür. »Dies academicus« heißt es in Regensburg, und die Doktoren sitzen im »Maxim«, in halblaute Kolloquien mit den Damen des Hauses verstrickt, aber sie erkennen die Dichter, die sich hier auf unvertrautem Boden bewegen, mit dem ersten Blick. Auch im »Maxim« gibt es ein Mikrophon und Lautsprecher, Santa Monica de Chantal tanzt auf der winzigen Bühne, sie wirft ihr glitzerndes Kleid und ihre Straußenfedern in die Ecke, streift sich die Schuhe von den Füßen, entledigt sich derart rasch und völlig unerwartet ihres Büstenhalters und ihres Slips, als könne sie den fürchterlichen Druck ihrer Kleidungsstücke keine Sekunde länger auf ihrem Körper ertragen, und als sie jetzt, mit wogenden Brüsten und kräftigem Hintern, auf das an der Wand befindliche Bett niederstürzt, da greifen die preisgekrönten Doktoren nach dem Whiskyglas, und die funktionelle Morphologie bezieht sich auf ihre eigenen Nebenhodengrenzregionen.

Die starke Monica turnt ihre Übungen mit unverminderter Geschicklichkeit, sie spreizt und grätscht, sie wirft die Beine über den Kopf und wölbt das Becken, damit jedermann sehen kann, wozu sie im Ernstfall in der Lage ist. Ich habe mich fürchterlich erschrocken, und Michael Krüger sitzt auf seinem Barschemel und sagt: »Dunnerwetter.« Aber da steht eine Blondine neben uns an der Theke und sagt: »Ihr jungen Dichter, kommt rüber ins Chambre séparée und spendiert einen Champagner, dann werde ich euch mal zusammenstauchen.« Sie ist gebaut wie die turnende

Monica, womöglich ist sie ihre Schwester und kann sogar den Handstandüberschlag. Sie spricht die Regensburger Sprache und sagt: »Zammstauchn.« Sie sagt: »Zammstauchn«, und so wie schon mit Hilfe ihrer Sprache dieses Wort zusammengestaucht ist, so stelle ich mir vor, wie wir erst aussehen mögen, wenn wir aus dem Chambre séparée zurückkehren, von ihrem Körper zusammengestaucht, der ja sicherlich noch viel mehr vermag als ihre Sprache.

Ich selbst bin glücklicherweise von natürlicher Gestauchtheit, und es ist an meiner Körperstatur nicht mehr viel zu stauchen, aber Michael Krüger, der ja fast von ephebischer Zartheit ist und zudem in der letzten Nacht kein Auge zugetan hat, er würde nach einer Regensburger Zusammenstauchung nicht mehr unter die Menschen treten können. Draußen rauscht die Donau, ein leichter Nachtregen fällt, wir atmen wieder frische Luft. »Und gehst du aus der Trinkstube und machst sieben Schritte auf den Pflasterhof, wo Kastanienbäume stehen mit roten Juniblütenkerzen, und du siehst zu den Kerzen hinauf und siehst höher in den Abendhimmel, so ragen rosig beleuchtet wieder zwei Riesenkerzen«, sagt Georg Britting, ein Regensburger Dichter, aber er meint mit den Riesenkerzen die beiden Türme des Doms, und er sagt: »Du kannst nirgends hingehen in Regensburg, wo du den Dom nicht sähest.« Ja, wäre er einmal ins »Maxim« gegangen wie wir, er hätte ganz andere Dinger gesehen.

Aber der Dichter, wohin er auch überall kommt, er ist dem Hohn und der Verunglimpfung, der Zurechtweisung und der Zusammenstauchung ausgesetzt, wer weiß, ob sich die Germanisten um diese Zusammenhänge kümmern. Sie arbeiten an ihren Statistiken und sie sind am Ende die gleichen Meckerer und Quengler, die gleichen Besserwisser und Haarspalter wie die Krittler und die Mäkler in den Lesesälen. Man möchte gerne wissen, was sie sagen würden, wenn die Dichter einmal den Spieß umdrehten und die Germanisten zum Gegenstand ihrer Untersuchungen machten, aber nicht mit Hilfe von Statistiken, das haben die Dichter nicht nötig.

Wie bitter nötig hätten dagegen alle Gemeindeschwestern und alle Kameramänner, alle Studenten und alle Professoren die Luftkutscherei! Aber die Gemeindeschwestern schauen nur nach oben und die Kameramänner schauen nur nach unten, das Fräulein Ute zwinkert mit dem linken und die Regensburger Damen zwinkern mit dem rechten Auge, die Studenten operieren mit Statistiken und die Professoren operieren mit Argumenten. Nein, sie mögen die Luftkutscherei nicht, die sie von den Fesseln aller Verhältnisse befreien und von allem Zwang, selbst im Moralischen, entbinden würde, im Gegenteil, sie haben ihre festen Standpunkte und ihre fix und fertigen Wahrheiten, sie stehen lieber in Reih und Glied und kennen kein Rührt-euch.

Sie rupfen mit dem Luftkutscher ein Hühnchen und reden mit ihm Fraktur, sie waschen ihm den Kopf und drehen ihn durch die Mangel, sie blasen ihm den Marsch und möchten ihn am liebsten auf Vordermann bringen. »Keinen Volltreffer gelandet«, sagt das Fräulein Ute aus Döhlau, »zum Abschuß freigegeben«, sagt Professor Gajek aus Regensburg, das ist die Sprache der deutschen Literaturfreunde. »Welche Zielgruppe haben Sie vor Augen?« fragen die Studenten den Dichter, der sich am Ende so vorkommt, als müsse er mit seinen Wörtern auf Menschenköpfe feuern.

Der Dichter aber reist überall hin und zu jedem, er rettet sich, indem er sich verstellt und verkleidet, indem er sich selbst der Unzuverlässigkeit zeiht, indem er sich zum Hampelmann macht, den Menschen die Wörter im Munde umdreht, mit diesen Wörtern auf seiner Zunge balanciert und schließlich ein Feuerwerk abbrennt, das so hell und so klar am Himmel leuchtet, daß allen Gemeindeschwestern und allen Kameramännern, allen Döhlauer Fräuleins und allen Regensburger Damen, allen Studenten und allen Professoren vor lauter Helligkeit und Klarheit die Sinne vergehen. Den Gemeindeschwestern, den Döhlauer Fräuleins und den Regensburger Damen traue ich schon zu, daß ihnen vor den Wörtern der Dichter die Sinne vergehn; bei den Kameramännern, den Studenten und den

Professoren bin ich skeptisch, sie sind womöglich schon so verdorben, daß ihnen vor lauter Kopf der Bauch vergangen ist. Angesichts ihrer Verdorbenheit würde sich die Mühe des Dichters gar nicht mehr lohnen, wenn es nicht dem Dichter selbst so viel Lust bereiten würde, es immer und immer wieder zu tun.

(Das historische Ereignis dieser Rede, gehalten anläßlich eines Empfangs am 15. September 1978 zur Eröffnung der »Hanser-Literatur-Woche« im Zunfthaus zur Meisen in Zürich, war zugleich eine Demonstration dessen, was in der Rede selbst abgehandelt wird: nahezu 250 Menschen waren mit einem kalten Buffet beschäftigt, während der Redner seine Botschaft verkündigte.)

Aus alten Pinzgauer Pinten
grüßt Hans und Luckel mit Winden.
  Die schöne Brigitte,
  die grüßt in der Mitte,
und Hanno, die grüßt Euch ganz hinten.

1973

Quellennachweise

Dieses Buch ist ein Lesebuch. Die einzelnen Lesestücke und Gedichte sind früher schon erschienen, vorwiegend in Zeitungen und Zeitschriften. Die Zeichnungen von Hans Dahlem sind zumeist auf gemeinsamen Reisen entstanden.

»Das Heim und das Reich. Eine Beschreibung des saarländischen Heimwehs unter Berücksichtigung des schweizerischen Heimwehs und der griechischen Nostalgie.« Veröffentlicht in: »Deutschland, Deutschland«, Residenz Verlag, Salzburg 1979.

»Rousseaus vergessene Findelkinder.« Leicht gekürzt veröffentlicht unter dem Titel »Jean-Jacques Rousseau« in: »ZEITmagazin« Nr. 24/Juni 1978.

»Zwischen Klippen und Sprachklippen. Unnütze Gedanken eines Reisenden in die Bretagne.« Veröffentlicht in: »Saarbrücker Zeitung«, 5. 9. 1973.

»Straßen Baudelaires. Eine Betrachtung zu seinem 100. Todestag.« Veröffentlicht in: »Saarbrücker Zeitung«, 31. 8. 1967.

»Bald so und bald anders. J. J. Chr. von Grimmelshausen im Renchtal.« Veröffentlicht in: »MERIAN«, 5 XXXII 1979.

»Pariser Limericks«, geschrieben im September 1972, Erstdruck.

»Paris, denk mal!« Veröffentlicht in: »das kunstwerk«, 3 XXV 1972.

»Zwei Limericks«, geschrieben im September 1972, Erstdruck.

»Straßen zwischen den Strömen. Eine Skizze über Lyon.« Veröffentlicht in: »Saarbrücker Zeitung«, 28. 12. 1950.

»Lyon, Fourvière.« Geschrieben 1949, Erstdruck.

»Die große Beleuchtung. Spazierfahrten zu den Schlössern der Loire.« Veröffentlicht in: »Saarbrücker Zeitung«, 29. 10. 1962.

»Joachim DuBellay: Klagen.« Aus dem Französischen übersetzt 1948, Erstdruck.

»Antiquar und Spitzenhäubchen. Nachträgliche Gedanken über eine Reise in die Bretagne.« Veröffentlicht in: »Saarbrücker Zeitung«, 28./29. 8. 1965.

»Ein Neger geht durch die Rue Sainte-Catherine.« Veröffentlicht in: »MERIAN«, 7 XIX 1966.

»Davis Diop: Tamtams meiner Nächte (Der, der alles verlor/Die Zeit der Qual)«. Aus dem Französischen übersetzt 1955. Veröffentlicht in: »konkret« Nr. 9/1961.

»Das Abc von Fénétrange.« Veröffentlicht in: »MERIAN«, 9 XXI 1968.

»Der Onkel mit dem blauen Fierhemd.« Veröffentlicht in: »Saarbrücker Zeitung«, 16./17. 9. 1978.

»Beber es preciso. Spanien sehen und trinken.« Veröffentlicht in: »Saarbrücker Zeitung«, 31. 10./1. 11. 1964.

»Was willst du in Tarragona? Sätze über Spanien, die nicht alle möglich sind.« Veröffentlicht in: »Saarbrücker Zeitung«, 21. 8. 1968.

»Riccione.« Geschrieben 1959, Erstdruck.

»Gil Blas bittet zum Veterano. Beobachtungen anläßlich einer Reise nach Spanien.« Veröffentlicht in: »Saarbrücker Zeitung«, 4. 9. 1969.

»Das Picknick in der Huerta.« Veröffentlicht in: »MERIAN«, 7 XXIII 1970.

»Es ist Mai, wir sitzen auf der Piazza Pitti.« Veröffentlicht in: »MERIAN«, 4 XXII 1969.

»Théophile Gautier: Venedig.« Aus dem Französischen übersetzt 1949, Erstdruck.

»Schäfchen zur Linken. Ligurische Reisenotizen.« Veröffentlicht in: »Saarbrücker Zeitung«, 14. 7. 1967.

»Jean Cocteau: Aix/Cannes.« Aus dem Französischen übersetzt 1954/1955, Erstdruck.

»Thalatta, Thalatta! Im Winter auf der Insel Föhr.« Veröffentlicht in: »Saarbrücker Zeitung«, 17./18. 1. 1976.

»Der Rhein in Flammen.« Veröffentlicht in: »MERIAN«, 2 XXXI 1978.

»Leserbrief an die Saarbrücker Zeitung.« Veröffentlicht in: »Saarbrücker Zeitung«, 30. 11./1. 12. 1974.

»Die Sprache und das Wetter. Auf Dichterreise durch Skandinavien.« Veröffentlicht in: »Saarbrücker Zeitung«, 22. 3. 1975.

»Clara und die vier Pistazien. Die Geschichte einer georgischen Reise.« Veröffentlicht in: »manuskripte«, 63/'79.

»Noch zwanzig Minuten bis Buffalo. Langstreckenlauf durchs Kurzschuljahr.« Veröffentlicht in: »Saarbrücker Zeitung«, 28. 1. 1967.

»Zürcher Rede über die Notwendigkeit der Luftkutscherei.« Veröffentlicht in: »Akzente«, Heft 1/2 1979.

»Aus alten Pinzgauer Pinten.« Geschrieben 1973, Erstdruck.

Zu den Zeichnungen von Hans Dahlem:

Paris, Straße im Quartier Latin, 1954
Saint-Mihiel, Lothringen, 1962
Setcasas, Pyrenäen, 1962
Venedig, Casa Dario, 1969
Angoulème, Kathedrale Saint-Pierre, 1962
Commercy, Lothringen, 1962

Inhalt